Waldenyr Caldas
Utopia do gosto

Waldenyr Caldas

Utopia do gosto

editora brasiliense

© *Waldenyr Caldas, 2009*

Nenhuma parte desta publicação pode ser gravada, armazenada em sistemas eletrônicos, fotocopiada, reproduzida por meios mecânicos ou outros quaisquer sem autorização prévia da editora.

CONSELHO EDITORIAL
Danda Prado
Cleide Almeida

COORDENAÇÃO EDITORIAL
Alice Kobayashi

COORDENAÇÃO DE PRODUÇÃO
Roseli Said

FOTO, CAPA E PROJETO GRÁFICO
Christiane Wagner

REVISÃO
Alice Kobayashi e Roseli Said

Dados Internacionais de Catalogação na Publicação (CIP)
(Câmara Brasileira do Livro, SP, Brasil)

Caldas, Waldenyr
Utopia do gosto / Waldenyr Caldas.
2. ed. -- São Paulo : Brasiliense, 2009.
Bibliografia.

ISBN 978-85-11-00128-0

1. Antropologia social 2. Estética 3. Sociologia

I. Título.
09-03155 CDD-306.47

Índices para catálogo sistemático:
1. Gosto : Antropologia cultural : Sociologia

306.47

Editora e Livraria Brasiliense
Rua Mourato Coelho, 111 – Pinheiros
CEP 05417-010 – São Paulo – SP
www.editorabrasiliense.com.br

Sumário

Introdução   9

1. Discutindo o gosto   13
2. Gosto e cultura de classe   27
3. O gosto pelo bar   37
4. O gosto médio   49
5. O gosto médio pelo "natural"   75
6. Literatura, gosto e qualidade   85
7. O gosto e a literatura de massa   119
8. O gosto estético e o corpo   151
9. Conclusões   159

Bibliografia   165

Para Christiane,
uma vida com amor

"*A estética é o domínio do contingente sem nenhuma lei. Apesar disso, o juízo estético é possível segundo as categorias do universal e do contingente.*"

Immanuel Kant

Introdução

"Gosto não se discute". Eis um dos milhares de provérbios que integram o grande elenco da sabedoria popular. Certa ou errada, não vem ao caso no momento, o fato é que essa frase atravessou o tempo, permanecendo viva e usual até nossos dias.

No Brasil, por exemplo, ela é suficientemente consagrada para superar os problemas geográficos, regionais, culturais e até mesmo de classe social. Noutras palavras, quero dizer: no Norte, Nordeste, Sul, Sudeste e Centro-Oeste, ela é usada exatamente com o mesmo objetivo, tanto pelo homem do povo, pobre e não letrado quanto pela elite rica e culta. O objetivo é um só e podemos sintetizá-lo da seguinte forma: "Você tem o seu gosto e eu tenho o meu. Portanto, não vale a pena continuarmos discutindo, é uma questão de gosto mesmo". Certamente, por muitas vezes essa frase já encerrou discussões, polêmicas e dúvidas nas situações mais diversas. Tudo isso, é claro, tendo como premissa básica a afirmativa popular de que "gosto não se discute". Quero, aliás, aproveitar outro provérbio popular (essencialmente brasileiro), segundo o qual "religião, política e futebol não se discutem", para acrescentar que, segundo ainda o pensamento lógico popular, religião, política, futebol e gosto não se discutem. Estaria certa então a outra expressão popular "a voz do povo é a voz de Deus"? Ela sentencia, como acrescenta Luiz da Câmara Cascudo em seu livro *Coisas que o povo diz*, o consenso popular... "a maioria decisiva num determinado julgamento" ou a sentença definida pela coletividade. Se entendermos, por exemplo, que essas frases, justamente por serem levadas a sério, já encerraram discussões, dúvidas e polêmicas, então há que se considerar sua importância e até mesmo seu caráter apaziguador, moderador das controvérsias de bar, do parque, do campo de futebol, do trabalho, enfim, das mais diversas situações do nosso cotidiano. Assim, portanto, se determinadas crendices assumem importância suficiente para mudar comportamentos e às vezes até estilo de vida de algumas pessoas, é possível que as expressões religião, política, futebol e gosto tenham também sua significação. Um fato, no entanto, a meu ver, é incontestável: não é à toa que essas quatro expressões possuem lugar de destaque na cultura popular no Brasil. Isso decorre, sem dúvida, da sabedoria popular que nomeou esses temas como polêmicos e irresolvíveis. E é certamente por isso que a consagrada expressão "gosto não se discute" permanece viva, atual e verdadeira. Pelo menos, para grande parte das pessoas.

Pois bem, mas esse assunto, pela sua própria natureza, não se esgota aqui, é claro. Alguém poderia neste momento aproveitar a oportunidade e me contestar com a seguinte frase: "para mim está encerrado, sim. É uma questão de gosto e eu não quero mais discutir esse tema". Eu certamente responderia desta forma: "realmente, é uma questão de gosto, por isso quero continuar a discuti-lo".

Há, evidentemente, outras formas, outros ângulos para se pensar e analisar a questão do gosto. Até porque a frase "gosto não se discute" não resolve (obviamente nem pretende resolver) um problema epistemológico extremamente importante: não há como determinar os fundamentos lógicos, o valor e o alcance objetivo do gosto. Assim, se por um lado, realmente, não tem sentido discutir o direito que as pessoas têm de escolher determinado tipo de roupa, um determinado estilo musical, a preferência por este ou aquele cantor etc., há que se pensar nos aspectos formadores do gosto. É fora de dúvida, por exemplo, que a classe social, época, moda, nível socioeconômico e geração, entre outros fatores, de alguma forma interferem no gosto, naquilo que devemos consumir, e até no nosso estilo de vida. Certamente, uma das maiores provas disso encontraremos na própria história da arte e da civilização, como pretendo mostrar mais adiante. Visto sob esse ângulo, portanto, podemos admitir que o gosto seja plenamente passível de discussão. Aliás, nesse caso, de uma discussão extremamente complexa que envolveria, fundamentalmente, questões de Estética e Sociologia, mas não só.

1. Discutindo o gosto

Passemos então diretamente a esse assunto, já com uma indagação preliminar e de substancial importância: o que é o gosto? A pergunta permite respostas que vão desde o sentido pelo qual se percebe o sabor das coisas, passando pelo conceito de prazer, satisfação, simpatia, opinião, critério, moda etc. Nenhum desses elementos, no entanto, serve para se pensar no gosto como categoria estética, que é o principal objetivo deste livro.

Embora com algumas imperfeições (quase sempre as definições deixam lacunas), o *Novo dicionário da língua portuguesa*, de Aurélio Buarque de Hollanda Ferreira, apresenta um conceito de gosto, no mínimo, intrigante e polêmico. Senão vejamos: diz o autor que o gosto é a "faculdade de julgar os valores estéticos segundo critérios subjetivos, sem levar em conta normas preestabelecidas". Assim, por exemplo, expressões como "gosto requintado", "falta de gosto", "mau gosto", *kitsch*, "cafona", "brega" etc., seriam apenas conceitos subjetivos dotados até mesmo de um certo maniqueísmo que apenas classifica mas nada explica.

Ao mesmo tempo, não há como negar que ,realmente, quando julgamos o gosto, quase sempre lançamos mão de valores estéticos inerentes ao nosso universo cultural e social. Isso significa dizer, noutras palavras, o seguinte: sempre que fazemos uma apreciação estética do gosto utilizamos, para tanto, o universo de informações, valores e normas que traduzem por meio da nossa ação social todo o pensamento e a lógica da classe a que pertencemos. Essa constatação invalida de certa forma uma análise profunda e criteriosa da estética do gosto.

Não porque seja impossível nossa imparcialidade nessa discussão, mas simplesmente pelo fato de não abdicarmos do nosso juízo de valores, do universo, cultural a que pertencemos, da própria lógica interna de classe. Assim, a discussão seria feita sob a óptica de determinadas categorias inerentes à classe social do analista. Visto desse modo, tudo indica que a tentativa de se realizar uma análise científica do gosto fica bastante difícil. O fato, por exemplo, de o gosto estar exposto a várias facetas de uma mesma questão, ou até mesmo de diversas questões, não é suficiente para explicar a existência de uma interpretação lógica e objetiva do gosto. Até porque, para que se pense numa "explicação racional" do gosto, é prudente, ao mesmo tempo, que aceitemos como pré-requisito alguns conceitos do tipo posição social, diferença de comportamento entre gerações, a distinção conveniente feita entre pessoas "cultas" e "incultas", entre outras.

Mas, ao mesmo tempo que procedemos dessa forma, estamos reconhecendo a existência de uma estratificação do gosto. Ocorre que, ao reconhecermos essa estratificação, estamos também admitindo ser o gosto, antes de mais nada, uma questão de classe social. Assim, aceitando a estratificação do gosto como verdadeira, já podemos dizer, em seguida, que existem, isto sim, níveis de gosto, do mesmo modo que existem níveis de cultura, uma vez que cada classe social possui sua própria cultura. É fora de dúvida (a sociologia da cultura já tratou dessa questão exaustivamente) que a classe proletária possui um universo cultural diferente daquele encontrado entre a classe burguesa.

Não se trata de universos antagônicos, como bem já demonstraram Leon Trotski, em *Literatura e revolução*, e Antonio Gramsci, em *Literatura e vida nacional*, ao analisarem a importância da cultura burguesa. Trata-se apenas de duas culturas diferentes, mas ao mesmo tempo influenciando-se mutuamente. Noutras palavras, quero dizer o seguinte: alguns valores culturais da burguesia passam, num certo momento, a ser absorvidos pelo proletariado. A recíproca é verdadeira. É bem verdade que, quase sempre, de forma caricata ou *kitsch*.

Nesse caso, a afirmação é mais válida quando o proletariado absorve valores da cultura burguesa. Essa questão, aliás, se tornou uma prática quase rotineira com o advento da chamada sociedade de massa. Mas quero, antes disso, voltar um pouco atrás no tempo e discutir, ainda que de passagem, a influência de alguns valores culturais que precedem a moderna sociedade de massa. Um deles é o desejo de ascensão social.

A Revolução Industrial, nós sabemos, é um marco divisório na História da Civilização. Antes dela vivíamos a Idade Moderna, depois dela vivemos a Idade Contemporânea. Entre tantos motivos que justificam essa afirmação (não carece mencioná-los) está o surgimento, de um lado, da classe burguesa, dona do capital, dos meios de produção, disposta a investir sua riqueza na produção dos mais variados produtos com o objetivo precípuo, como era de se esperar, de multiplicar sempre que possível e cada vez mais seu capital. De outro lado, surgia a classe proletária, formada por um contingente economicamente pobre vindo do interior e das regiões rurais, disposto a vender sua força de trabalho em troca, inicialmente, de 14 horas diárias de trabalho e um salário. E assim, em síntese, se consolidaria o capitalismo industrial e com ele as classes burguesa e proletária.

Ao mesmo tempo, à medida que se desenvolvia e que evoluía essa consolidação, aumentavam as diferenças econômicas, sociais e culturais entre proletariado e burguesia. No bojo desse processo, alguns valores da cultura burguesa despontavam, fornecendo o modelo cultural, pelo menos para a classe proletária. O sistema de ensino, o consumo, o cristianismo e a ideologia da ascensão social são alguns valores da burguesia que chegariam até o proletariado. Vejamos como se traduz o desejo de ascensão social e suas implicações na estética do gosto.

É fácil entender, por exemplo, que o estilo de vida da burguesia iria fascinar, pelo menos, grande parte do proletariado. O conforto, um tempo livre para o lazer, as letras, as artes, a ciência, enfim, todo um conjunto de valores, produtos e instituições até então só acessíveis à burguesia passariam a ser forte e insistentemente desejados pelo proletariado. E a única forma possível de se desfrutar dessas regalias, dos privilégios advindos do investimento do capital, seria por meio da ascensão econômica e social. Isso, é claro, o proletariado não podia fazer.

Em primeiro lugar, porque não tinha o capital para investir nem na reprodução do próprio capital, nem nas artes, na ciência, na cultura, na moda e no lazer. Esse último item, aliás, era ainda agravado pela falta de tempo, uma vez que, como já disse anteriormente, ele trabalhava nada menos que 14 horas.

Em segundo lugar, há que se registrar um aspecto importante: no início da Revolução Industrial, ou seja, por volta de 1770-1780 (os historiadores consideram que a primeira Revolução Industrial vai de 1760 a 1860), os operários recebiam modestos salários, insuficientes, em alguns casos, até para equilibrar o orçamento doméstico. Certamente, já nessa época havia as exceções. E uma delas, sem dúvida, era a profissão de tecelão, um profissional bem pago, muito mais pela escassez dessa especialidade do que pelo reconhecimento da sua importância como trabalhador que gera riqueza.

Acontece que, com a invenção da máquina de fiar na Inglaterra, por James Hargreaves, em 1767, essa profissão surgia por uma necessidade premente. No início, portanto, os tecelões viveram seus dias de glória. O historiador Edward McNall Burns, em seu livro *História da civilização ocidental*, nos dá uma noção tão pitoresca quanto precisa do tecelão dessa época. Diz ele: "Os que se dedicavam a essa profissão podiam exigir salários tão altos que, ao que se dizia, costumavam pavonear-se nas ruas com notas de cinco libras enfiadas na fita do chapéu e almoçavam ganso assado aos domingos". Os tecelões, como se vê pelas palavras de Burns, eram uma exceção. Alguns profissionais operários chegaram realmente a ascender aos estratos da classe média. Além, evidentemente, dos tecelões, devemos ainda destacar os *mechanics* (oficiais mecânicos) e os *sans-culottes* (pequenos artífices que se tornavam operários qualificados). Colocados esses exemplos e um panorama muito rápido do comportamento econômico do operário no início da Revolução Industrial, quero agora mostrar seu comportamento diante dessa mudança no tocante à estética do gosto. Antes disso, porém, devo registrar algumas informações básicas que mudariam ainda, em plena Revolução Industrial, não só o conceito subjetivo do belo, mas ainda todo um conceito implícito de uma estética do gosto que envolvia abundância, boa aparência, pele bem tratada, gestualidade delicada, repertório compatível com a nova posição social, certo ar de austeridade acompanhado ainda de um certo "tom" solene nas relações sociais, a frequência social a novos ambientes, enfim, um variado número de características inerentes à cultura da classe burguesa. Se por um lado a arte renascentista criou um padrão de beleza segundo o qual a robustez masculina e feminina significava um conceito aprimorado de belo (veja-se, por exemplo, as obras de Leonardo Da Vinci, Rafael e Michelangelo), no início da Revolução Industrial apareceria numa nova estética, em face das transformações, criando entre outras coisas um novo padrão de beleza e uma "nova" estética do gosto. O processo se deu da seguinte forma: a burguesia emergente, do mesmo modo como anteriormente a aristocracia passaria a investir na sua aparência pessoal, procurando manter seu corpo sempre bonito e jovial. A boa aparência e a pele bem tratada eram sinônimos de boa posição social e de abundância econômica. A gestualidade comedida, leve e delicada passava ao espectador a impressão de uma pessoa de fino trato que atingiu comportamentos suficientemente refinados para ser reconhecida como uma *lady* ou um *sir*.

    O repertório, por sua vez, deveria estar sempre à altura da elegância gestual e da posição social que a pessoa ostentava. A austeridade, a formalidade nas relações sociais e a frequência aos lugares e ambientes mais elegantes completavam o quadro e o tipo ideal de uma pessoa reconhecidamente de bom gosto para os padrões da época. Portanto, vale a pena atentarmos para um aspecto de extrema importância que atravessou o tempo e permanece vivo até os nossos dias: a ideia de bom gosto, de gosto refinado está intimamente associada ao poder econômico de tal modo que um operário do início da Revolução Industrial, tanto quanto um operário da nossa época, dificilmente poderia ser visto como uma pessoa de bom gosto. Eu cito o operário apenas como exemplo, mas é claro que esse critério é extensivo a todas as pessoas que, pelos mais variados e diversos motivos, pertencem às categorias sociais mais modestas da sociedade.

Quero aqui retomar a seguinte questão: a ideia de que o bom gosto está diretamente associado ao poder econômico. Interessante observar, por exemplo, que quase todas as pessoas cultas e intelectualizadas se consideram de bom gosto, de gosto refinado, e sempre recebem o beneplácito, a concordância da grande maioria das pessoas. Ocorre também que essa pessoa culta e intelectualizada quase sempre também pertence aos estratos da alta classe média ou mesmo da alta burguesia. Ler, por exemplo, Franz Kafka, James Joyce, Baudelaire e Thomas Mann e ouvir Bach, Liszt, Beethoven, Brahms etc. é considerado uma opção de bom gosto. Ao mesmo tempo, ler Eugène Sue, *Os mistérios de Paris*, Conan Doyle, *As aventuras de Scherlock Holmes*, Emily Bronte, *O morro dos ventos uivantes*, Alexandre Dumas, *O corcunda de Notre Dame*, e ouvir o cantochão gregoriano, música sertaneja e Charles Aznavour é considerado, senão uma opção de mau gosto, seguramente de gosto duvidoso. Eu, a bem da verdade, acho que os intelectuais consideram uma opção de mau gosto. Aqui cabe uma pergunta: quais critérios, regras e métodos foram usados para se estabelecer essa dicotomia do bom e do mau gosto? Mais adiante eu discuto essa questão num capítulo específico.

Gostaria de retomar uma questão proposta anteriormente. Eu disse que tanto a burguesia quanto o proletariado possuem uma cultura própria e que alguns valores culturais de ambas as classes podem ser, num certo momento, assimilados por uma ou outra classe. Pois bem, essa teoria é verdadeira, tem respaldo científico e já foi demonstrada por inúmeros antropólogos clássicos como Radclif Brown, Melville J. Herskovits, em *Man and Bis Works*, Ralph Linton, em *The Study of Man*, mais recentemente por Clifford Geertz, *As interpretações da cultura*, e pelo magnífico trabalho de Alfred Weber intitulado *História sociológica da cultura*. É justamente baseado nessa perspectiva teórica da antropologia cultural que eu quero analisar duas questões, a meu ver fundamentais para continuarmos discutindo a utopia do gosto.

A primeira é a seguinte: o poder político e o poder econômico, desde as civilizações clássicas como Grécia e Roma, por exemplo, sempre reservaram a suntuosidade e a abundância material aos grupos dominantes da sociedade, nessa época ainda não podemos falar propriamente em classes sociais. Nesse patrimônio estavam incluídas a arte erudita, a grande literatura, a ciência, entre outras instituições que continuam sendo monopólio da classe dominante. A favor dessas instituições estava, além dos grupos dominantes, o carisma do capital, que não só causava admiração, como permitia um estilo de vida desejado (como nos nossos dias) por toda a sociedade.

A segunda questão é um complemento da primeira e tratada seguinte: esse certo maniqueísmo que estabelece o "mau gosto" e o "bom gosto" tem, a meu ver, suas origens na diferença de certo patrimônio (obras, produtos, objetos etc.) adquirido pela alta burguesia e pelo proletariado. Aliás, a rigor, a gênese de toda essa questão não está nem na burguesia surgida a partir da Revolução Industrial. Ela apenas absorveu e reproduziu valores culturais e comportamentos estéticos da nobreza. Portanto, é uma questão, um fenômeno histórico-social anterior à Revolução Industrial. A burguesia, a bem da verdade, o que fez foi projetar para o futuro e ao longo da história da cultura a ideia de refinamento, de elegância, de gestualidade moderada, leve e delicada da nobreza, enfim, aqueles valores já mencionados. Assim, portanto, surgiria o maniqueísmo do gosto. Tudo o que fosse consumido ou prestigiado pela nobreza inicialmente, e depois pela burguesia, seria considerado produto, objeto de bom gosto. A recíproca nesse caso não é verdadeira. Tudo aquilo consumido ou de alguma forma prestigiado pelo proletariado seria, no mínimo, considerado de gosto estético duvidoso ou, em alguns casos, realmente de mau gosto.

Nessa época, a ideologia da ascensão social ganhava ainda mais força. A burguesia industrial emergente ganhava ares de nobreza, como já vimos pelo desejo de semelhança. Mas isso apenas na aparência. O proletariado, por sua vez, também desejava a ascensão social. Assim, ele passaria a absorver alguns valores culturais e morais da burguesia. Mas também, apenas na aparência, na superfície. Ele não tinha, como não tem até hoje, condições socioeconômicas para assimilar efetivamente o *modus vivendi* da burguesia. Já não era o caso desta classe, por exemplo, que surgia forte, entre outras coisas, em função de uma nobreza visivelmente decadente. Tanto é assim, que ainda em pleno século XVIII (1789), a burguesia francesa, apoiada por alguns segmentos da classe média, faz a revolução e assume definitivamente o poder.

Aqui cabe uma pergunta inclusive de cunho pedagógico: quais as alternativas do proletariado que, desejoso de seguir o gosto estético (todas aquelas atribuições já mencionadas) da burguesia, via-se economicamente impossibilitado de fazê-lo? Há três respostas para a mesma pergunta. Para alguns restava a resignação determinada, é claro, por uma imposição econômica. Para outros, a opção era o arremedo, a imitação, aquilo que com o advento da sociedade de massa os estudiosos passariam a chamar de *kitsch*. Para outros ainda havia a alternativa pura e simples de não desejar essa identidade cultural com a burguesia, ou seja: assumir seus valores, sua condição de classe e viver a estética e o próprio estilo de vida do proletário. Interessante notar que o comportamento dessa determinada parcela do proletariado vai, de certo modo de encontro, contradizer a teoria de Arno Mayer em seu livro *A força da tradição* e se converter, no mínimo, numa exceção. De acordo com o autor (não se trata propriamente de uma tese original), há uma lei determinada pelo próprio processo histórico, segundo a qual a tradição cultural estaria acima da divisão de classes, ou seja, da própria estratificação da sociedade. Assim, determinadas instituições culturais atravessariam o tempo resistindo às transformações políticas, econômicas e sociais, permanecendo até nossos dias. Claro, nesse aspecto não há o que contestar. Até porque a antropologia já analisou exaustivamente essa questão. Esse, aliás, é um aspecto muito importante na formação do gosto estético da sociedade como um todo. Os antropólogos chamam-no de interpenetração cultural. Cito um exemplo: como já sabemos desde a Revolução Industrial na Inglaterra, a burguesia liberal fornece o modelo cultural para as classes proletárias.

2. Gosto e cultura de classe

Pois bem, nas grandes corridas de cavalos (Derby, Saint-Léger) o que se pode perceber é uma verdadeira simbiose da cultura nobre e da cultura popular registradas nas festas do interior da Inglaterra. O gosto por corridas de cavalos não se pode atribuir apenas à aristocracia e mais tarde à burguesia. Trata-se, na verdade, de uma prática tradicionalmente camponesa, posteriormente (não há registros precisos sobre qual momento) incorporada à cultura aristocrática. Hoje, no entanto, é uma modalidade comercial e esportiva identificada inteiramente com os refinamentos, a elegância e o poder econômico da burguesia. Se esse esporte tivesse permanecido circunscrito apenas ao universo cultural do homem do campo até nossos dias, certamente seria modernamente chamado de "brega". É isso, mais ou menos, o que sucede hoje com os rodeios, quase sempre acompanhados de festivais de música sertaneja. A imagem exageradamente masculinizada, rude, viril e até selvagem que se criou do peão vive uma ambiguidade entre a figura do "macho total" (*macho man*) e do homem grosseiro, despreparado, de hábitos e comportamentos primitivos.

Falo dessa ambiguidade pelo seguinte: se por um lado essa imagem do "macho total" é hoje ridicularizada por determinados segmentos masculinos e femininos, que se atribuem de vanguarda, modernos, não é menos verdade que ela era até pelo menos final dos anos 1960 o tipo de maior sucesso entre as mulheres. O suficiente, pelo menos, para se perceber a presença do "macho" no cinema, com John Wayne fazendo escola, com Milton Ribeiro em *A morte comanda o cangaço*, no teatro com Vicente Celestino em *O ébrio*, na música popular com Frank Sinatra e Orlando Silva, sempre usando sua voz de tenor com muita competência e que tanto impressionava as mulheres. Hoje, no entanto, a mídia transformou a imagem do "macho total". Algumas propagandas de cigarro (me refiro especialmente à do Marlboro) apresentam um macho viril, selvagem, rude, mas sobretudo, grã-fino, elegante, bem-vestido, bonito, dotado de muita sensualidade, atualizado com a moda urbana e subliminarmente telúrico e bucólico, num nítido apelo às modernas e simpáticas reivindicações dos ecologistas no tocante à preservação do meio ambiente. Ora, pois a imagem do peão, produto cultural das classes proletárias, não tem nenhuma identidade com o novo "macho total" grã-fino apresentado pela mídia. E se tivesse, certamente não seria apenas o fato de ambos serem "machos totais". Do mesmo modo, o peão também não tem nenhuma identidade com o cavaleiro hipista que pratica a equitação, tanto quanto este público não se identifica com o público dos rodeios. Seguindo a tradição já mencionada, vamos perceber que os jóqueis e as hípicas são frequentados por um público extremamente preocupado com a elegância e a apresentação pessoal.

Sabe-se ainda por tradição que as grandes corridas de cavalos, os chamados *derbys*, são sempre precedidos por homens e mulheres realizando um verdadeiro desfile de modas, embora formalmente não tenha sido previsto nem organizado. Esse mesmo quadro é válido para as hípicas, aonde os simpatizantes da equitação vão não só reverenciar o esporte, mas também praticar o gosto e os prazeres da burguesia. No caso específico dos jóqueis-clubes, há que se registrar um aspecto de significativa importância: por se tratar de um estabelecimento comercial que trabalha com apostas, o ingresso às dependências do clube é permitido a qualquer cidadão. Mesmo assim, isso não significa que o público mais grã-fino, mais requintado, se misture ao grande público que vai especialmente para jogar, para apostar nas corridas de cavalos.

Aliás, ao contrário. São dois públicos diferentes, dois universos que, embora ocupem a mesma área até por uma questão de tradição (o gosto pelas corridas de cavalos), estão separados pelas regras estabelecidas para a ocupação dos espaços dessa área. Os critérios, é claro, não fogem às regras básicas e à lógica da sociedade de classes. Eles estão baseados no *status*, na influência social e no nível socioeconômico de cada um. Os jóqueis-clubes, embora apresentem duas categorias bem diferentes de públicos, possuem ainda algumas peculiaridades que devem ser destacadas.

Da mesma forma que pessoas requintadas frequentam esse lugar pelo simples prazer da ostentação, de se mostrarem elegantes, de esperarem elogios ao seu gosto estético como se estivessem na passarela integrando um desfile de moda, há também pessoas que vão pelo simples desejo do passeio, pelo prazer estético de presenciar a exuberância dos cavalos correndo pelas pistas. Elas não apostam dinheiro nem se preocupam com a ordem dos animais quando cruzam o disco final. Nesse caso, para elas, o jóquei-clube tem a função precípua de alimentar o prazer e de propiciar um visual incomum.

Não é à toa que o cavalo sempre exerceu grande fascínio sobre as pessoas. Seus movimentos precisos e elegantes estão sempre em perfeita sintonia como o pulsar da sua musculatura, que inevitavelmente lembram a sincronia de dois corpos em movimento na hora do amor. Estamos diante da estética do prazer, ou ainda, como dizem os psicanalistas, do princípio do prazer. A verdade é que o cavalo já há muito tempo tornou-se um símbolo fálico. Sua estampa, ao mesmo tempo selvagem e sensual, afável e rebelde, imponente e esguia, traz à tona todo o carisma desse animal sobre as pessoas. E mais do que isso, a sua figura mescla de forma indissolúvel a arte natural das suas linhas com a sexualidade. A imagem do cavalo na mitologia grega estava também associada a Eros, filho de Vênus, o deus do amor. Não é por acaso também que a publicidade junta ao mesmo tempo, num *out door*, um imponente garanhão ao lado de um homem cuja estética, padrão de beleza, nos passa uma imagem muito próxima à do garanhão. Num certo momento, inclusive o próprio homem se confunde com o garanhão. Aliás, ele é o próprio garanhão. Nesse caso, o cigarro aparece associado à imagem do belo, do prazer, da sensação de liberdade criada pela imagem do cavalo, pela presença da montanha e do descampado. Subliminarmente desponta ainda a sexualidade personificada na imagem do homem bonito e da imponência do cavalo cuja função, entre outras coisas, é trazer à tona a energia da libido, ou ainda, como diz Wilhelm Reich, em cores mais fortes e precisas, em seu livro *A função do orgasmo*, ebulir o orgasmo, ebulir o amor.

Agora uma outra pergunta: como se comportam, nos rodeios, público e peão? Bem, aqui a dinâmica de comportamento é muito diferente daquela presenciada no jóquei-clube. O gosto é outro, a estética é outra, a concepção do belo é outra, enfim, é outro universo. De igual, mesmo, só os cavalos e o fascínio das pessoas por esse animal. No mais, o visual bucólico e o aspecto telúrico que bem caracterizam esses *shows* descontraem o ambiente criando um clima leve, espontâneo e despretensioso. O comportamento até certo ponto afetado daquelas pessoas do jóquei, muito mais preocupadas em exibir seu gosto estético, sua ostentação de pessoas grã-finas e requintadas, desaparece no rodeio. O que interessa é torcer contra ou a favor do peão, contra ou a favor do cavalo. Presenciar a luta dos dois. O peão para se manter sobre o cavalo e receber os aplausos delirantes do público, e o cavalo tentando livrar-se da presença incômoda do peão e, se possível, lançá-lo a alguns metros de distância após alguns coices no ar, mas também ser ovacionado por seus torcedores. É, sem dúvida, uma luta mais igual e com regras mais civilizadas, mais humanas. Aqui, diferentemente do jóquei-clube, o cavalo não é exaustiva e ininterruptamente esporado para correr até a total exaustão física, até a superação inconsequente e irresponsável dos seus limites.

 Nesse instante, a racionalidade do jóquei se mistura à irracionalidade que estamos acostumados a atribuir ao cavalo, tornando-se difícil para nós, os racionais, constatarmos quem é mais selvagem. Se o cavalo, que por inconsciência é submetido a um castigo de morte que abrevia sua vida, ou se o homem, que de posse de toda sua racionalidade abusa dessa virtude para impor atos de selvageria contra seu parceiro, que ironicamente, nesse momento, é também seu aliado em busca da vitória. Ao mesmo tempo, os gritos nervosos, tensos e histéricos dos espectadores dessa corrida, que mais parece uma tortura, contrastam com os dos espectadores dos rodeios.

    No jóquei-clube, os gritos e a torcida são para não perder dinheiro. E se possível ganhar. Não é a explosão do prazer, do delírio, nem da liberação das tensões. Ao contrário, são os gritos da ambição, da ansiedade, da angústia e do medo, que compelem o espectador a esbugalhar os olhos e apertar o corrimão que o separa da pista, gritando alucinadamente o nome do cavalo em que apostou. Por isso é que essa corrida representa uma tortura. Ao cavalo, chicoteado e esporado do início ao fim, e ao espectador que, levado pela ambição, se submete a situações de tensão, angústia, ansiedade e medo que lhe tiram o senso do ridículo. Alguns chegam até a correr ao longo do corrimão gritando, torcendo, tentando acompanhar o cavalo. Pois bem, por isso é que a luta entre o peão e o cavalo é mais igual e mais humana. No rodeio o animal não é torturado, tem o direito de se rebelar, de jogar o peão no chão e de dar coices à vontade. Faz parte das regras do jogo e do próprio espetáculo. Além do mais, ele pode vencer a disputa sem precisar ser chicoteado. Para isso basta derrubar o peão.

Quanto ao público do rodeio, então, se comparado ao público do jóquei-clube, não encontraríamos nenhuma identidade. A única exceção, como já mencionei anteriormente, é a paixão pelo cavalo. Mesmo assim, uma parte do público de jóquei-clube vê no cavalo uma alternativa para ganhar dinheiro nas apostas. Mas quase sempre perde, embora continue apostando. É curioso isso. Nesses casos, claro, é bastante duvidoso, por exemplo, dizer que esse apostador tem idêntico fascínio por cavalos, como tem o mero espectador que vai ao jóquei apenas pelo prazer de ver o animal correr, embora não se dê conta da tortura pela qual ele passa. Ou ainda que vê o cavalo com os mesmos olhos do amante de rodeios.

O público dos rodeios é diferente. E não é porque seja composto em sua maioria por outros estratos sociais, que não aqueles encontrados nos jóqueis-clubes. O que, aliás, é uma falsa verdade. No tocante ao aspecto sócioeconômico, por exemplo, não há uma diferença suficientemente significativa a ponto de merecer destaque. A questão aqui passa mesmo pelo gosto estético, pela escolha dessa ou daquela modalidade, muito embora tenhamos que considerar a importância da área geográfica. Enquanto os jóqueis-clubes estão localizados em capitais ou eventualmente em cidades importantes do interior, os rodeios podem ser realizados em qualquer lugar, sem a necessidade de grandes aparatos. De qualquer modo, o forte mesmo dos rodeios são as cidades do interior. Não é por acaso, como já mencionei anteriormente, que essa modalidade lúdica e esportiva está muito ligada à imagem do telúrico e do bucólico.

Na verdade, a meu ver, a principal diferença entre o público do jóquei e do rodeio está no seguinte aspecto: quem vai ver o cavalo pular, dar coices no ar, jogar o peão no chão, enfim, quem vai assistir a um rodeio, quase sempre leva consigo um clima de festa, de muita brincadeira, estando quase sempre disposto a aplaudir ou apupar o peão. Está ainda preparado para aceitar inclusive a derrota do seu simpatizante: o peão ou o cavalo. Além disso, quero destacar ainda outro aspecto importante: as pessoas que procuram os rodeios objetivam fundamentalmente o prazer e a diversão. Daí o fato, por exemplo, de ocorrer o que eu chamo de explosão do prazer, do delírio e da liberação das tensões. Apostar ou não apostar não faz parte dos objetivos do rodeio. Já não é o caso do jóquei, onde a razão da sua própria existência está ligada ao comércio de apostas.

Sob esse aspecto, portanto, é plenamente possível entendermos a espontaneidade, o comportamento dionisíaco do público de rodeio. A festa, a alegria e as comemorações são em torno do peão e do cavalo, personagens centrais de todo o evento. No jóquei-clube, ao contrário, o cavalo e o jóquei, embora devessem desempenhar os papéis mais importantes, passam a ser meros coadjuvantes. O grande astro, a personagem principal é o apostador, que sustenta esses eventos com o dinheiro das apostas. Ou ainda, como se diz na própria linguagem do *habitué*, fazendo uma "fezinha" no quinto páreo ou numa trifeta.

3. O gosto pelo bar

Até aqui mostrei como se dá o processo de interpenetração cultural e, ao mesmo tempo, como uma classe social reelabora valores culturais que não pertencem ao seu universo, transformando-os em produto do seu meio social. Foi isso o que aconteceu com as corridas de cavalo ou ainda, se quisermos, de como transformar o gosto estético, a beleza natural do cavalo num instrumento lúdico. Mas esse é apenas um exemplo. Há outros tão importantes e elucidativos quanto esse citado, mas abordando a questão por um ângulo mais ligado ao nosso cotidiano. Diz respeito a produtos culturais, como bar, livro e comércio.

E aqui quero lembrar as pesquisas do historiador Eric J. Hobsbawm quando, em seu ensaio intitulado *As classes operárias inglesas* e a *Cultura desde os princípios da Revolução Industrial*, analisa as transformações do estilo de vida material desses operários em consequência do avanço das indústrias de consumo, como a mecanização da produção do calçado e do vestuário masculino, a importação de produtos agrícolas, enfim, o prenúncio de uma economia de mercado extremamente promissora. A presença de um estilo de vida urbano, ainda que timidamente, já se fazia sentir no que se refere ao lazer. O *music-hall*, que aparece por volta de 1878, torna-se um negócio altamente rentável para os empresários, atingindo o apogeu durante os anos de 1890 e 1900. Dez anos antes, ou seja, em 1880, os ingleses instituem o futebol profissional, que se transforma num lazer a mais, numa nova forma de passar o tempo livre.

Quero agora, usando as palavras do autor, demonstrar a importância da Revolução Industrial na formação de uma nova estética do gosto. Vejamos o que nos diz Hobsbawm: "Na Inglaterra, antes de 1870, são o pequeno comércio e a pequena indústria, e não os grandes negócios, que se orientam para o mercado modesto dos pobres: é o *music-hall* local, e não Hollywood. Existe, portanto, em torno do mínimo de existência operária – salário, alojamento –, um vazio que os próprios operários têm de preencher em grande medida. A palavra *book*, por exemplo, no falar do operário inglês, não significa livro, mas sim brochura ou periódico, com exceção do jornal que se desdobra. O livro, por assim dizer, não faz parte do seu universo. Mesmo o jornal é raro no princípio do século XIX. Em Merthyn Tydfil, no País de Gales, distribuem-se setenta e dois para uma população de cinquenta e cinco mil. Em contrapartida, desenvolve-se toda uma vida cultural e social em torno do *pub* – taberna – de onde são excluídas as classes superiores, ou melhor, de onde elas se excluem a si próprias, porque as tabernas, como toda gente sabe, dividem-se em duas categorias: o 'bar' público, para o povo, e o *saloon bar* para as pessoas de 'bem'". Devemos acrescentar ainda às palavras de Hobsbawm o seguinte comentário: o surgimento do *pub*, como ele mesmo diz, vai estimular o desenvolvimento de uma vida cultural e social muito grande. Mas todo esse movimento, como demonstra Richard Hoggart em seu livro *The Uses of Literacy*, vai em direção a um novo estilo de vida dos baixos estratos da população inglesa. Surgem, dessa forma, uma nova rotina de vida, um novo cotidiano, novos assuntos de bar a serem comentados em função da transformação industrial que se fazia plena, uma nova estética do vestuário, enfim, uma nova concepção estética do próprio visual que formaria, a partir daquele momento, também uma nova estética do gosto proletário.

Ora, o *pub* era um lugar muito atraente. Era ainda, entre outras coisas, o "ponto de encontro de amigos". Como se faz hoje nos bares do nosso país, entre um aperitivo e outro, entre uma cerveja e outra, a conversa corria solta. Do *music-hall*, passando pelas novelas de terror muito em voga naquela época, questões profissionais, religiões, economia, política, a rainha, o futebol (o inglês sempre foi muito afeiçoado por esse esporte), enfim, um incontável número de temas seria para o lazer e as discussões nos *pubs*.

Mas ao mesmo tempo o *pub* era lugar de pobre, bar público, lugar feito para o povo, e como tal, a burguesia o rejeitaria, embora se sentisse atraída pela ideia e pelo fascínio do clima do *pub*. Até mesmo pela própria função terapêutica que, sem dúvida, tinham os *pubs*. Afinal, pergunto atualizando um pouco essa questão, quem não gosta de falar mal dos políticos com os amigos, do próximo jogo de futebol, do último capítulo da novela, do crescimento da inflação, enfim, de temas que de alguma forma já estão incorporados à nossa cultura? Todos nós, de uma forma, ou de outra, gostamos. E esse "papo de bar" libera as tensões (às vezes aumenta, é claro, quando os protagonistas se tornam intransigentes, mas logo chega alguém, a simpática turma do "deixa disso" e contorna a discussão), passando a ser benéfico e terapêutico. Pois bem, a burguesia, tem uma tradição de primar pelo "bom gosto". Essas aspas não têm conotação depreciativa. E naquela época, aliás, essa fama já corria solta, atribuindo-lhe prestígio. Não se pode esquecer que, após a Revolução Industrial e o declínio quase vertical da aristocracia, a cultura burguesa assume ares de cultura "oficial".

Como então, gozar dos prazeres do *pub* sem se misturar com o povo? Ora, a saída era a mais óbvia possível: criar seu próprio *pub*, ou seja, uma espécie de *pub chie*. Assim é que quase simultaneamente surge o *saloon bar*, lugar selecionado, destinado exclusivamente a pessoas com alto poder aquisitivo, portanto, à burguesia. Esse é mais um exemplo de como uma classe social pode incorporar valores culturais de outra.

Aqui, no entanto, ocorre um fenômeno muito interessante que deve ser mencionado. Como era a burguesia que estava se apropriando de um valor cultural, de uma instituição cultural do proletariado, o *saloon bar* iria exibir exatamente os valores estéticos da classe burguesa. No interior do bar uma decoração refinada e austera e um atendimento, como não poderia deixar de ser, extremamente eficiente e recatado davam ao *saloon bar* um ar solene que se diferenciava bastante do *pub*. Embora o bar mantivesse suas portas sempre abertas, havia certa norma implícita de que aquele lugar só seria frequentado por pessoas de nível socioeconômico elevado. Assim, se não havia uma proibição real, ela existia no imaginário coletivo que já estava (como está) acostumado às proibições do acesso à cultura da burguesia. Formalmente, é claro, qualquer cidadão poderia desfrutar dos prazeres burgueses, desde que o fizesse com o recatamento peculiar ao ambiente. Até por uma questão econômica (não podemos nem devemos subestimar o aspecto da identidade cultural), o frequentador do *pub* não procurava o *saloon bar*. Da mesma forma, por exemplo, que hoje em São Paulo (guardadas as devidas proporções), os pobres da periferia, os proletários assalariados não procuram os lugares requintados da região dos Jardins para seu lazer ou para almoços e jantares. Essa é uma questão clara e óbvia dentro da sociedade de classes que é a estratificação da produção e do consumo. Isso faz parte, aliás, da própria lógica interna do capitalismo. Certa vez escrevi um ensaio para a *Revista Civilização Brasileira*, intitulado "O consumo estratificado da produção cultural", onde apresento uma discussão teórica do problema.

  É compreensível, a meu ver, que a burguesia incorpore, por exemplo, valores da cultura proletária (no caso, o *pub*) e as misture com alguns valores da sua própria cultura. É admissível, ainda, que ao incorporar o *pub* no seu universo cultural tenha deixado de lado o gosto estético do proletariado, e feito prevalecer o seu gosto estético, o seu gosto de classe. Senão, é claro, não haveria uma utopia do gosto, ou ainda, gosto não se discutiria. O que é discordável, certamente (e nisso eu concordo), é tornar este novo valor cultural, produto da fusão de duas culturas diferentes, um produto impermeável à sociedade como um todo, com exceção apenas da burguesia. E usando para isso, aliás, uma arma absolutamente infalível: a acumulação do capital.

Se como diz Marx (ao discutir as relações de produção entre empregado e empregador), toda acumulação do capital se faz por meio da mais-valia, da exploração do homem sobre seu semelhante, aí, então, o problema se complica ainda mais. Por que complica? Ora, porque a arma infalível (o capital) que proíbe o proletariado de ter acesso aos produtos culturais burgueses, à estética burguesa, foi adquirida de forma ilícita (segundo a óptica marxista) por meio de exploração do próprio proletário.

Por outro lado, é preciso observar o seguinte: não é possível, numa sociedade de classes, socializar apenas os valores culturais, o gosto estético, enfim, a cultura como um todo, sem socializar os meios de produção, a economia, ou melhor, o próprio sistema político do Estado. Bem, mas nesse momento nos deparamos com uma questão ideológica extremamente complicada porque colocamos frente a frente o capitalismo e a teoria marxista. Nesse caso, a magnitude do problema exige muito tempo de reflexão e espaço para discuti-lo. São muitas as sutilezas emergentes dessa questão que certamente demanda, antes de mais nada, uma longa discussão teórica. Não devemos fazê-la aqui, até porque não é o propósito deste trabalho.

Seja como for, uma coisa me parece fora de dúvida: o que não podemos é minimizar o significado histórico, tanto da cultura burguesa quanto da cultura proletária. Se, como diz Raymond Williams em *Marxismo e literatura*, a cultura operária emergiu de uma tradição cultural mais vasta, a das classes subalternas pré-industriais, é verdade ainda que a cultura burguesa herde parte da cultura aristocrata sem que isso deva ser interpretado como mérito ou demérito. É apenas decorrência do processo histórico.

Os estudos antropológicos mostram que a interpenetração cultural não é um fenômeno prejudicial à cultura. Assim, se a burguesia incorporou ao seu universo cultural valores da cultura proletária (o *pub*, por exemplo), isto não significa de forma alguma a destruição nem da cultura proletária nem dos seus valores estéticos. No início da Revolução Industrial, como nos dias atuais, o público burguês e o proletário mantêm comportamentos muito diferentes, cada um de acordo com o seu universo. Comparemos, por exemplo, os frequentadores do *pub* e do *saloon bar*. Sem qualquer preocupação com a autocensura, o proletário acostumado a frequentar o *pub* se sentia à vontade para fazer quase tudo que lhe dava prazer. E certamente Richard Hoggart tem razão quando diz que a melhor maneira de se imaginar o ambiente dos *pubs* é pensar na espontaneidade e na forma desinibida do comportamento dionisíaco de seus frequentadores.

Exagero de Hoggart, ou não, o fato é que esse ambiente descontraído contrasta com aquele encontrado no *saloon bar*, onde havia toda uma preocupação com a autoimagem, com atitudes sempre elegantes, com o tom de voz sempre baixo, e assim por diante. É bem verdade que todo esse comportamento sempre muito recatado (não devemos confundi-lo com reprimido) da burguesia frequentadora do *saloon bar* (seguramente havia exceção) poderia ser também um comportamento espontâneo, da mesma forma como espontâneo era o comportamento do proletário do *pub*. Essa possibilidade não se pode descartar.

Importante nisso tudo, me parece, é percebermos o gosto de ambos pela vida prazerosa do bar, das conversas sérias, das inevitáveis brincadeiras entre amigos, ainda que de forma recatada ou dionisíaca. Este sim, é um comportamento, um desejo que a meu ver está acima da divisão da sociedade em classes sociais, da ideologia. É um desejo inerente ao homem muito antes dele institucionalizar o domínio e a subjugação do seu semelhante, como acertadamente destaca Marx. Concordo com Eric Hobsbawm quando diz que o separatismo institucional na Inglaterra por meio da escola, do *pub*, entre outros aspectos, acentua ainda mais o separatismo cultural.

É claro, dentro do capitalismo não poderia ser de outra forma. É bem verdade que a todo o momento presenciamos tentativas de minimizar essa distância, só que num plano muito mais amplo, onde a questão cultural é apenas mais um aspecto. Os partidos políticos de esquerda que desejam uma sociedade mais justa, igualitária, mais humana, como preconiza o marxismo, estão sempre lutando por essa causa. Além dos partidos, há os grupos políticos que são colocados na clandestinidade pelo Estado porque desejam fazer a justiça social por meio da luta armada. Em alguns casos esses grupos apoiam e são apoiados pelos partidos políticos da esquerda. Noutras ocasiões, porém, são tão inimigos quanto o próprio Estado autoritário, que é seu inimigo comum. É necessário entender que o objetivo dos partidos e dos grupos políticos não é apenas uma transformação de superfície.

Seu trabalho busca uma mudança, uma revolução de base, de estrutura da sociedade, e não apenas mudanças nos valores culturais, no surgimento de uma nova estética. Deseja, noutras palavras, a sociedade pensada pela teoria política marxista. Cito, rapidamente, alguns exemplos na América Latina. Além do Partido Comunista, que pelo menos no plano formal deseja a transformação política da sociedade (alguns estudiosos entendem que na prática o PC nada faz nesse sentido, ao contrário, às vezes atrapalha), há outros partidos políticos com o mesmo objetivo. Dos grupos políticos postos na clandestinidade pelo Estado, vale a pena destacar, no Brasil dos anos 1960 e 1970, o grupo VAR Palmares e a ALN (Aliança Libertadora Nacional); na Argentina, os Montoneros; no Uruguai, os Tupamaros, e no Peru o grupo Sendero Luminoso.

Outra tentativa de minimizar a distância cultural é feita pelos próprios membros da sociedade. Alguns o fazem conscientemente, outros são levados pelo que eu chamei no início deste trabalho de ideologia da ascensão social. Aqui a questão não é propriamente política (embora nas origens se possa dizer que sim) e, além disso, trata de problemas ligados à superestrutura social. É a negação da estética, do gosto estético da sua classe social, e de certo modo a negação da sua própria classe. Em contraposição, está claro, esse comportamento gera a afirmação do capitalismo.

4. O gosto médio

Quero tomar como exemplo uma camada intermediária que ao mesmo tempo é a ponte entre o proletariado e a burguesia. Estou pensando no que os sociólogos costumam chamar de classe média. Essa é uma classe social extremamente complexa do ponto de vista da sua estratificação. Aliás, diferentemente do proletariado e da burguesia, a classe média parece não ter ainda um estatuto que a defina claramente. Além disso, se por um lado ela possui determinados valores que a identificam com certa clareza, por outro vamos observar que este mesmo valor, nas suas origens, está ligado à burguesia (quase sempre) ou ao proletariado. Estou considerando classe média, na verdade, uma faixa extremamente ampla e mal definida da sociedade, que inclui desde uma parcela do clero, até o funcionalismo público, passando por alguns executivos, burocratas, professores primários e universitários, pequenos comerciantes, profissionais liberais, jornalistas, balconistas, artistas, intelectuais. Como se pode ver é um segmento muito mal definido e, como tal, extremamente difícil de se trabalhar. Ao mesmo tempo, muito fácil de incorrer em erros até conceituais quando nos referimos a ele. De qualquer modo, temos que enfrentar o problema, analisá-lo, ainda que para isso incorramos em erros. O que mais poderá acontecer é termos de usar a sensatez para reconhecê-lo.

A dificuldade já começa quando imaginamos que o critério para identificar o cidadão da classe média se restringe ao que ele ganha mensalmente, ou ao seu poder aquisitivo. Ao mesmo tempo em que não podemos negar a importância desse dado, ele pode não retratar a realidade. O primeiro aspecto a se considerar nesse caso é o número de membros da família e sabermos quantos dele dependem ou não. Assim, por exemplo, seu salário pode atribuir-lhes o status de classe média, no entanto, o ônus familiar pode também exigir-lhe um estilo de vida modesto, mais próximo da condição proletária, atribulado por dificuldades financeiras, como sabemos. Nem assim, ou apesar disso, podemos dizer que ele é da classe média ou proletária. Pode ser proletário no tocante ao aspecto econômico-financeiro, mas não o é em suas ideias, não possui identidades com o universo cultural do proletário. Seu gosto estético, já que estamos tratando disso, nada tem a ver com a estética da cultura proletária.

A situação oposta a esta também é verdadeira. Se o cidadão da classe média aplicasse suas reservas na bolsa de valores e houvesse um grande *boom*, como ocorreu no início dos anos 1970, ou se ganhasse sozinho o primeiro prêmio da mega-sena, certamente passaria a integrar os estratos da classe dominante. Essa situação, no entanto, se caracterizaria apenas no plano econômico. Esse felizardo não estaria realmente integrado à classe dominante. Seus costumes e estilo de vida certamente mudariam em função do dinheiro que ganhou. No entanto, no nível pessoal, das relações sociais, lhe faltaria de imediato a chamada tradição burguesa, enfim, certa forma de ser, peculiar da burguesia. Faltaria, noutras palavras, o *back-ground* da cultura burguesa. Por enquanto ele seria chamado de *nouveau-riche*, expressão francesa que retrata exatamente a condição especial do cidadão que ascendeu dos estratos da classe média, portanto, sem nenhuma tradição social ou econômica, para a burguesia dominante. Aliás, a expressão *nouveau-riche*, pelo menos no Brasil, adquiriu um tom jocoso, e em alguns casos é usada até de forma depreciativa. Preconceito ou não, o fato é que hoje em nosso país o termo é usual.

Antes de prosseguirmos esta discussão e antes mesmo de entrarmos nas discussões estéticas, no gosto estético da classe média, convém pensar e traçar um perfil do homem urbano da classe média no Brasil. Vejamos então: como diz a expressão "classe média", é de se imaginar que grande parte do universo desse cidadão (talvez possamos até pensar em todo o seu universo) seja formada de coisas médias. Assim, posso dizer que se trata de uma pessoa com salário médio, adepto de uma cultura média, ou ainda, como diz o sociólogo americano Dwight Macdonald, em seu trabalho "Masscult & Midcult", um cidadão *midcult* (cultura média). No Brasil a pessoa *midcult* pode ser caracterizada pelo leitor de *Veja*, *IstoÉ*, *Folha de S. Paulo* e os romances *best-sellers* etc. Como outras pessoas, também gostam de filmes sobre violência, grandes catástrofes e românticos. Tem opinião formada sobre o governo, a situação econômica do país, a política interna, as relações do Brasil com outros países, especialmente os Estados Unidos da América, esforça-se a todo instante para cumprir seus compromissos com a sociedade e o Estado. Se for casado e com filhos, preocupa-se em propiciar lazer e boa educação escolar aos filhos, quase sempre é sócio de um clube para frequentá-lo nos fins de semana, e conta com a ajuda financeira da esposa, que também trabalha. É esse, a meu ver, o perfil do homem médio brasileiro e de uma família da classe média. Ao mesmo tempo é esse também, com algumas pequenas nuanças talvez, o perfil de muitos trabalhadores brasileiros que podem até nem pertencer à classe média.

Além dos aspectos citados, essa classe apresenta um número muito grande de estratos e segmentos, o que dificulta consideravelmente identificá-la com precisão. Se, ao mesmo tempo, podemos considerar o balconista do magazine um cidadão da classe média, podemos ainda dizer que o advogado, profissional liberal e que teoricamente ganha quanto quiser, é também da classe média. O mesmo exemplo pode ser aplicado ao dono da banca de jornal, ao pequeno comerciante dono da farmácia, ao professor universitário, ao cirurgião dentista e assim por diante.

Essa é uma das muitas dificuldades de se identificar de forma mais precisa o estatuto da classe média. Pelo que já vimos até aqui, pode-se dizer que ela é dotada de certa volatilidade suficientemente esparsa e etérea para, ela mesma, apresentar diversos estratos, diversas camadas. Alguns sociólogos, como Wright Mills, por exemplo, preferem nem usar a expressão "classe média", mas sim "classes médias".

Se por um lado identificá-la com precisão é uma tarefa difícil, o mesmo já não ocorre com o consumo cultural e gosto estético de determinados segmentos dessa classe. Por tradição histórica, a classe média nunca desejou qualquer espécie de identidade com o proletariado. Ela sempre procura aproximação e identidade de classe com a burguesia, detentora do poder. Em todos os planos, historicamente tem sido assim. Quero citar um exemplo brasileiro, rapidamente. Quando em 1963 e 1964 a burguesia brasileira viu seus interesses comprometidos pela política empreendida por João Goulart, o país começaria a entrar num clima político muito perigoso em função de algumas medidas populistas tomadas pelo presidente.

De um lado, estava o proletariado apoiando e defendendo a nova política econômica, do outro a burguesia, a essa altura já com o apoio implícito das Forças Armadas. Em março de 1964, em São Paulo, realiza-se uma passeata de protesto contra as medidas tomadas por João Goulart, saindo da Praça da República em direção à Praça da Sé, atravessando a parte central e de maior movimento da cidade. À frente da passeata, o ex-governador Adhemar de Barros, sua esposa, dona Leonor Mendes de Barros, e outras autoridades políticas. Uma faixa muito grande e bem legível podia ser vista de longe, com os seguintes dizeres: "A marcha da família com Deus, pela liberdade".

No bojo da passeata, sem saber exatamente o que estava ocorrendo, milhares de pessoas acompanhavam a movimentação imaginando ser uma manifestação religiosa ou algo semelhante. O fato é que o clima da passeata mais parecia uma procissão. Sabem por quê? Entre outras coisas, porque o ex-governador Adhemar de Barros havia pendurado em seu pescoço um rosário com um grande crucifixo. Não bastasse isso, convém lembrarmos o que dizia a grande faixa que tomava toda a largura do Viaduto do Chá: A marcha da família com Deus, pela liberdade. Há nessa frase três palavras extremamente fortes na cultura brasileira. São elas: Deus, família e liberdade. A primeira (Deus) porque somos o país (e naquela época já éramos) com o maior número de católicos do mundo. A figura de Deus foi sempre importante na nossa cultura, onde existe a imagem de sua onipotência e onipresença. A família é considerada na cultura brasileira (na cultura ocidental, de modo geral), certamente, uma das mais importantes instituições sociais e, como tal, deve ser intocável. A liberdade é óbvio, ninguém deve questionar. Ela é imprescindível a tudo na vida de qualquer pessoa.

Ora, a faixa, da forma como estava escrita, mostrava ao mesmo tempo em que ali estava um movimento em defesa da família, de Deus e da liberdade e que conclamava as pessoas a assumirem essa causa. Os organizadores de todo o movimento passavam, por meio da mídia, a ideia de que o Brasil estava caminhando para o comunismo de forma irreversível. Era indispensável que alguns patriotas lutassem contra o desastre de o país se tornar comunista, sem liberdade, sem acreditar em Deus e diminuir a importância da família. Seria, portanto, o caos. Além disso, segundo os organizadores do golpe de 31 de março de 1964, o Brasil corria o sério risco de se tornar uma república sindicalista.

Pois bem, mas por trás desses protestos havia, na verdade, uma luta política de classes. O proletariado satisfeito, feliz com as medidas tomadas pelo presidente Goulart, que o beneficiavam, apoiava o seu governo. Na ocasião houve uma série de tabelamentos de preços, como aluguel, carne, arroz, feijão etc., lembrando muito que ocorreu com o governo Sarney quando criou o Plano Cruzado. É evidente que apenas lembra, mas nada tinha de parecido. Até porque são dois momentos históricos inteiramente diferentes.

A burguesia, por sua vez, articulava a queda de João Goulart, que fazia comícios pelas capitais brasileiras pregando as reformas programadas em seu governo. As Forças Armadas não gostavam do seu programa de governo e se aliaram à burguesia, às forças conservadoras que preparavam o golpe. A essa altura, o país vivia um verdadeiro clima de guerra civil.

A classe média, finalmente (não se pode dizer que foram todos os seus segmentos), se vê "ameaçada" pelo comunismo e alia-se à burguesia. No início de 1964, o general Castello Branco (ele seria o substituto de João Goulart), juntamente com Bilac Pinto, da UDN, divulga na imprensa um documento denunciando que "o país estava prestes a ser tomado pelos comunistas". Pronto: estava preparado o golpe.

Como diz o historiador Antonio Pedro em seu livro *História do Brasil*, "a oportunidade surgiu quando, no dia 30 de março de 1964, o presidente João Goulart compareceu a uma cerimônia no Automóvel Clube do Rio de Janeiro, organizada pela Associação dos Sargentos, sob a liderança do conhecido cabo Anselmo. Vários assessores, em especial Tancredo Neves, haviam desaconselhado Goulart a comparecer à cerimônia. Para o alto oficialato, Goulart forneceu a desculpa e a oportunidade para desfechar o golpe, pois se havia solidarizado com os soldados que haviam quebrado a hierarquia militar.

De Minas Gerais, o general Olímpio Mourão Filho, comandante da 4ª Região Militar, deu ordens para que suas tropas marchassem sobre Brasília. O presidente João Goulart seria destituído pela força. Simultaneamente, "quase todas as regiões militares do país, algumas depois de certa vacilação, aderiram ao golpe".

Como eu disse anteriormente, esse é um dos exemplos históricos brasileiros da identidade da classe média com a burguesia detentora do poder. De certo modo, é possível entender esta "maior identidade" de ambas as classes. Não quero entrar aqui no mérito da pertinência ou não dessa identidade, se é correta ou não, porque certamente enveredaríamos por uma discussão ideológica muito difícil, onde novamente nos defrontaríamos com a questão capitalismo *versus* comunismo. Se retomarmos novamente a tese sobre a ideologia da ascensão social, fica bem mais fácil entender o comportamento político, social, econômico e até cultural da classe média. Sabemos de antemão que a cultura da classe hegemônica é sempre e de qualquer forma o modelo ideal a que as classes subalternas almejam. Há, de certo modo, uma razão para isso.

Depois da Revolução Industrial, a cultura burguesa (herança da cultura da nobreza) tornou-se, por assim dizer, a cultura "oficial" e, como tal, o ideário de toda a sociedade. Quero usar as palavras do historiador Eric J. Hobsbawm para mostrar que, além da classe média, o próprio proletariado tem a cultura burguesa como um imaginário a realizar. Vejamos o que nos diz o autor sobre o proletariado soviético logo após a revolução: "A aquisição, pelos bolcheviques vitoriosos, do bailado da corte czarista, é o símbolo, e também a realidade, da sua conquista cultural. Ora, a cultura burguesa (literatura, artes, costumes) atrai principalmente três setores da classe operária: os ambiciosos, que procuram sair dela: a aristocracia operária, cujos estatutos e remunerações permitem a aquisição dos objetos de cultura material – como, por exemplo, o piano, cuja história econômica está por se pesquisar – e, antes da instauração da instrução pública, que só tem lugar depois de 1870, o acesso ao ensino; e finalmente a vanguarda consciente do proletariado militante. Os três têm necessidade daquilo a que se chama 'respectability', ou mesmo do puritanismo, que rejeita o gozo imediato em benefício de um esforço duro de autoeducação, de trabalho, com vistas ao futuro. Mas esta é também uma característica dos costumes burgueses".

Este texto de Eric Hobsbawm explica muitas coisas. Ele mostra, sobretudo, o gosto, o fascínio que o proletariado (mas o exemplo é extensivo à classe média) tem pela cultura e pelo gosto estético burguês. Quando o autor apresenta os três setores da classe operária que se sentem atraídos pela cultura burguesa, ele rigorosamente inclui todo o operariado. Desde os "ambiciosos", passando pelo que ele chama de "aristocracia operária" (talvez o termo melhor fosse elite operária), até a "vanguarda consciente do proletariado militante". O que é mais significativo, no entanto, é se saber que o consumo da cultura material burguesa objetiva, entre outras coisas, o que ele chama de *respectability*. Traduzindo a expressão, ela pura e simplesmente significa o desejo de respeitabilidade, mas interpretando-a pode-se falar da vontade de elevação do *status* por intermédio do consumo.

Isso significa em outras palavras a tentativa de as pessoas, como muito bem mostra Jean Baudrillard, em *A economia política dos signos*, de se diferenciarem justamente por meio do consumo conspícuo. Para ele, certos objetos conotam a posição social, o estatuto de fato, e outros conotam um estatuto presumido, uma espécie de nível de aspirações. Sabemos, no entanto, que as aspirações não são propriamente livres. Elas são produto da herança social e da situação adquirida. Neste aspecto, é possível se entender o caráter ideológico que rege o desejo de ascensão social. O progresso na escala social é ao mesmo tempo relativo e irrisório. O desejo de fundar um valor próprio escapa ao cidadão que procura, no consumo do conspícuo, a legitimidade que sua condição de classe não lhe pode oferecer. Nesse caso, o imaginário é aparentemente materializado por meio do objeto adquirido. A legitimidade que ele procura, o seu desejo de progresso na escala social relativiza-se quando, para realizar esse desejo, ele o sublima, adquirindo a réplica ou o *kitsch*. Ou seja, o desejo simplesmente não é, na sua essência, efetivamente realizado.

Assim, pode-se observar, os objetos incorporam na verdade uma retórica que nos remete a determinados objetivos sociais e a uma lógica social, onde a legitimidade da mobilidade social esbarra no universo da aparência. Daí ela realmente não passa. Aproveito para retomar o pensamento do sociólogo francês Jean Baudrillard quando trata exatamente de uma semiologia dos objetos, da legitimidade aparente que ele atribui ao consumidor e do nível de aspiração das classes sociais, em especial do que ele, como Wright Mills, chama de classes médias. Diz Baudrillard que "é esta legitimidade contrariada (no plano cultural, político, profissional) que faz com que as classes médias invistam com tanto maior obstinação no universo privado, na propriedade privada, e na acumulação de objetos, autonomizando tudo isso por carência, para tentar, aí, festejar uma vitória, um reconhecimento social que lhes escapa. É o que dá aos objetos neste 'meio' um estatuto fundamentalmente ambíguo: por trás de seu triunfalismo de signos da promoção social, afixam (ou reconhecem) secretamente a derrota social. Sua proliferação, sua 'estilização', sua organização é estabelecida aí, numa retórica, que, para retomar os termos de Pierre Bourdieu, é a própria 'retórica do desespero'".

À luz das palavras de Baudrillard, deve-se pensar detidamente sobre o seguinte: a existência de uma lógica social onde, independentemente do desejo do consumo, cada classe possui seus modos de organização. Essa lógica, com efeito, incorpora não só o aspecto social, mas também a própria lógica cultural de classe, muitas vezes surgindo apenas timidamente em função do aparente caráter social democrático que o consumo pode atribuir. A partir dessa base, concebem-se os objetos como atributo inerente às necessidades humanas.

Na verdade, por trás dessa concepção reside uma questão muito mais séria e sutil ao mesmo tempo. A presença constante da ideologia do consumo veiculada inicialmente pela própria lógica interna que rege o capitalismo e, em segundo lugar, pelos apelos ininterruptos que a publicidade, a propaganda, enfim, a mídia, indistintamente, nos faz a todo momento. Mas é também, nesse momento, que se rouba do cidadão comum, do consumidor, o direito à reflexão. Não há tempo para isso. Os apelos são tão rápidos e seguidos que ele flutua no mar das sombras e do desejo de se perpetuar no universo do consumo. Melhor talvez seria se falar num paraíso do consumo. Não estaria mais próximo de Deus, é claro, mas dos *shoppings centers*, com certeza. Assim, esses apelos têm por função incentivar o consumo ou permitir que se sonhe com ele. Assim, ainda, como dizem Paul Lazaisfeld e Robert K. Merton em seu ensaio "Comunicação de massa, gosto popular e ação social organizada", num certo momento eles servem de narcóticos sociais.

As desigualdades econômicas e sociais da sociedade estratificada se camuflam no apelo, na publicidade, no crediário, na qualidade estratificada do produto, no *kitsch*, na cortesia do vendedor especialmente treinado para lhe vender mais, no *marketing* do produto comprado, na embalagem bonita e vistosa e assim por diante. E aqui, novamente, torna-se imperiosa a opinião de Jean Baudrillard. Partindo da concepção da existência de um "álibi democrático" que ultrapassa o consumo e a própria sociedade de massa, o autor retoma o processo histórico e nos coloca diante de uma questão tão fecunda quanto verdadeira: a ambiguidade lógica do consumo. Vejamos o que ele diz: "A lógica cultural de classe na sociedade burguesa sempre se fundou no álibi democrático dos universais. A religião foi universal. Os ideais humanistas de liberdade e de igualdade foram universais. Hoje em dia, o universal assume a evidência absoluta do concreto: são as necessidades humanas e os bens materiais e culturais que eles respondem. É o universal do consumo".

A questão da forma, como Baudrillard analisa, ultrapassa o estatuto de classe social. Seu conceito de "álibi democrático" vale para o proletariado, classes médias e de certo modo até mesmo para a classe dominante. Até porque, ao longo do processo histórico, ela contribuiu ativamente para os ideais humanistas e universais de liberdade e de igualdade. Isso nos faz lembrar, por exemplo, os princípios básicos da Revolução Francesa (1789-1799), liberdade, igualdade e fraternidade, que, segundo historiadores contemporâneos como Michel Foucault e E. P. Thompson, foi uma revolução de inspiração burguesa baseada na ascensão da classe média a uma posição de muito poder e prestígio. Quanto à religião como valor universal, transcende até mesmo ao conceito moderno ou contemporâneo de sociedade. A religião é anterior à sociedade de classes.

Pois bem, tudo isso que vimos por meio das palavras de Jean Baudrillard esboça uma configuração cultural de classe social. Por isso, quero agora retomar a questão do fascínio que tanto o proletariado quanto a classe média têm pela cultura e pelo gosto estético burguês. Sabemos que os objetos, além da sua utilidade funcional, portam ainda significações sociais, uma hierarquia social e cultural, elementos estéticos que implicam a forma espacial, o material, a duração, a cor, o espaço, enfim, um conjunto, uma espécie de agrupamento bem estruturado que constitui um código.

Pode-se, pois, dizer que os objetos servem como parâmetro para se presumir ou realmente constatar a posição social do seu portador. Há objetos, no entanto, "irrealistas". São aqueles, por assim dizer, que prestam o "falso testemunho". Eles criam a imagem do irreal para fixar na superfície aquilo que seu portador efetivamente não é. Ora, se como já vimos existe, na sociedade de classes, uma prática diferencial dos objetos, então é possível imaginarmos que uma das formas de se manifestar em cada um de nós a ideologia da ascensão social será, sem dúvida, por intermédio dos objetos. Eles legitimam pública e socialmente o *status* do seu portador, ou seja, do seu proprietário. É esta procura da legitimidade que caracteriza muito bem a classe média.

Isso faz com que as pessoas invistam obstinadamente na acumulação de objetos (observe uma casa cheia de bibelôs, mesa de centro decorativa, quadros e tapeçarias nas paredes, pequenas esculturas espalhadas de forma estratégica pela sala de visitas, um modelo exótico de relógio na parede, uma cristaleira de louças que muitas vezes não são cristais, e um sem-número de outros objetos), na propriedade privada, na novidade tecnológica (iPOD, celular, TV digital etc.), enfim em tudo aquilo que de alguma forma traduza o status desejado. Interessante notar (mas absolutamente compreensível) que as conquistas científicas na área da estética corporal quase sempre são discretamente escolhidas por quem recebeu seus benefícios. A cirurgia plástica, a lipoaspiração, a lente de contato etc. Voltarei a tratar dessa questão num capítulo especial sobre o corpo. Retomemos, então, a questão dos objetos.

Pois bem, o consumo dos objetos mencionados acima se traduz no reconhecimento social e econômico desejado. O triunfo desse desejo se consolida com respeito, elogios e frases afirmativas de ter acertado ao adquirir o respeitável elenco de objetos. Convém agora discutir um pouco alguns critérios para a escolha desses objetos. Como não poderia deixar de ser, há toda uma "lógica estética" que vai determinar o que deve e o que não deve fazer parte do elenco. O primeiro aspecto a ser pensado precisa considerar (se for a residência, por exemplo) a arquitetura do ambiente. Aliás, nesse caso, o próprio ambiente às vezes é intencionalmente escolhido. As construtoras de prédios de apartamentos em São Paulo, pelo menos, têm variado suas construções entre o chamado estilo "colonial americano" e as linhas retas da arquitetura contemporânea. São estilos arquitetônicos opostos, mas de público idêntico. O principal comprador é o cidadão da classe média desejoso, de respeitabilidade social. Seu local de residência, nesse aspecto, é fundamental.

Assim, ele teria na verdade a opção de comprar ou alugar a "suntuosidade" de um apartamento em estilo colonial e desfrutar, na aparência, é claro, das benesses e de todo o prestígio de morar num lugar "suntuoso". Essa escolha, por outro lado, tem tudo a ver com uma herança estética passada da aristocracia para a burguesia. A arquitetura colonial introduzida no nosso país no século XVI, com seu aspecto austero, opulento e elegante para a época, surgiu exatamente com o objetivo de criar uma estética diferenciada para a nobreza, que desejava manter sua originalidade. Assim, o conceito do belo arquitetônico trazia ainda algumas formas e linhas bem claras do que tinha sido a arquitetura colonial europeia do século XVI. Ela era dirigida essencialmente à nobreza da época.

Ora, o estilo "colonial americano", sem ser *kitsch* ou não (não vem ao caso nesse momento), associa dois aspectos que vão bem ao encontro das "necessidades" da classe média. São eles: a suntuosidade do colonial, que lembra a nobreza, passa a ideia do "antigo", da raridade e, sobretudo, cria uma imagem pomposa, mas que já traz consigo também a ideia de modernidade. Assim, é como se vivêssemos as honrarias da nobreza e, ao mesmo tempo, gozássemos das vantagens e do próprio espírito da modernidade. Enfim, *kitsch* ou não, o fato é que o estilo arquitetônico "colonial americano" tornou-se uma espécie de modelo estético do que pretende a classe média. Aliás, essa concepção de estilo "colonial americano" é muito mais uma ficção, uma estratégia de *marketing*. Não existe propriamente essa expressão em todo o desenvolvimento evolutivo da história da arquitetura e da arte. O que ocorreu, isto sim, foi uma espécie de transformação do estilo colonial em função do novo ambiente onde foi introduzido esse estilo arquitetônico. Convém ainda acrescentar que não se trata de um gosto estético surgido pela pura e simples espontaneidade do gosto da classe média. Da mesma forma que na música, na moda, na imprensa escrita e falada e demais setores da produção cultural, também na arquitetura existem os chamados "especialistas do gosto".

São homens de *marketing*, atentos a tudo o que acontece em termos de mudança de consumo e de comportamentos na sociedade. Não se pode dizer que sejam eles os responsáveis pela "ressurreição" do estilo colonial na arquitetura, mas pode-se dizer que as técnicas de *marketing* funcionam muito bem no sentido de trabalhar o desejo de ascensão econômica e social por meio da "fachada residencial". O estilo "colonial americano", nada mais é do que a tentativa de mediação entre o barroco, linhas pesadas, cheias de meandros, de detalhes, que lembram muito o estilo da arquitetura rococó do século XVIII, e a moderna arquitetura, com seu estilo retilíneo e ao mesmo tempo arrojado. O resultado dessa tentativa parece ser realmente a obra *kitsch*. Se pensarmos, por exemplo, no conceito de *kitsch* constante do livro de Abraham A. Moles, intitulado O *kitsch*, e em outras teorias da semiologia dos objetos, então teremos que concordar que a moderna arquitetura colonial americana identifica-se com a obra *kitsch*.

Não fosse o fascínio da aristocracia pelo pomposo, pela ideia de grandiosidade, certamente o estilo colonial não teria atravessado o tempo e chegado até nossos dias. Continuaria sendo, sem dúvida, um movimento arquitetônico importante. Até final dos anos 1940, a avenida Paulista, na cidade de São Paulo, era um verdadeiro corredor de residências coloniais, barrocas e rococós. Ali se concentrava a chamada "aristocracia do café" (se é que podemos dizer que no Brasil existiu aristocracia), extremamente rica, que importava o padrão estético de beleza da Europa, especialmente da Itália, França e Inglaterra. Ainda hoje (é bem verdade que são muito raras) encontramos nessa avenida algumas residências dos barões do café do início do século, perdidas, espremidas pelos modernos edifícios, criando uma imagem nostálgica que compara e confronta, ao mesmo tempo, o passado com o presente. Algumas casas foram tombadas pelo Condephaat, órgão estatal encarregado de zelar pelo patrimônio histórico.

Falei anteriormente de dois estilos arquitetônicos contemporâneos. O chamado de "colonial americano" pela mídia, e o estilo contemporâneo, retilíneo, elegante, a meu ver, e algumas vezes chamado de "pós-moderno". Mas não pretendo analisar a obra arquitetônica (como também não fiz com o colonial americano) em si. Quero discutir, isto sim, o impacto e a influência dessa arquitetura no gosto estético da classe média, que como já disse identifica-se com a proposta desse novo estilo arquitetônico.

A ideia de modernidade, além de ser uma espécie de moda (não há, de minha parte, nenhuma conotação depreciativa no termo), é uma instituição presente, e isso é inegável. Hoje, nas universidades, nas casas de cultura espalhadas no eixo São Paulo-Rio, discute-se muito e a todo momento o conceito e o fenômeno "pós-moderno", partindo de uma ideia de modernidade. A literatura sobre o tema se alastrou de tal modo que é quase impossível ler todas as publicações sobre o assunto. É provável que um dos autores mais lidos no Brasil a esse respeito seja o francês Jean-François Lyotard, que escreveu um livro com o seguinte título: *La condition post moderne*, traduzido para o português com o título *O pós-moderno*. Sua ideia de pós-moderno objetiva identificar determinados valores que teriam transformado o conjunto da sociedade, o comportamento nas relações sociais, a produção cultural, a interpretação do fato cultural, enfim, uma série de acontecimentos que nos mostram a emergência da chamada sociedade pós-industrial.

Pois bem, esse rápido conceito, esta rápida ideia do pós-moderno vai nos auxiliar no sentido de entendermos a preferência da classe média pela arquitetura contemporânea, também chamada de pós-moderna. É bem verdade que a arquitetura pós-moderna pode combinar também ideias e elementos de outras tendências (colonial, gótico, barroco, rococó etc.), sem que isso seja visto como uma coisa retrógrada ou passadista. De qualquer forma, o conceito de pós-moderno, de contemporâneo, realmente conhecido e trabalhado na arquitetura de edifícios, não cogita essa fusão do moderno com o antigo. Estamos, pois, diante da chamada arquitetura racionalista, como definem os próprios arquitetos, e daquilo que a mídia resolveu chamar de arquitetura "ultramoderna".

Ao mesmo tempo, a mídia criou a ideia de que ser "moderno" não é apenas ser moderno. É ser ultramoderno. É ser uma pessoa de vanguarda, atualizada com sua época, bem informada sobre os acontecimentos culturais, com a política internacional, enfim, com uma espécie de estética da modernidade. Ser moderno é combater a violência, lutar a favor dos movimentos ecológicos, soltar a energia do corpo, e assim por diante. Claro está que a ideia de ser moderno consiste em não ser conservador, não ser defasado na moda, no corte de cabelo, na forma de se vestir, gostar do *rock* contemporâneo e não de Chico Buarque, Antonio Carlos Jobim e Cartola, por exemplo. Ser moderno, enfim, é gostar do presente e não do passado. Noutras palavras, é também se rebelar contra o *establishment*, é ter ideias próprias, é entender e aceitar a homossexualidade como um comportamento moderno, enfim, é ser "massa" (versão atualizada que substitui a expressão "pra frente", muito usada nos anos 1970 para designar uma pessoa de ideias avançadas) e não "careta".

Se alguns dos conceitos aqui citados não foram criação da mídia (e realmente não foram) com certeza ela incorporou muitos outros no seu elenco para comunicar-se com a modernidade. Mas ser moderno também é morar numa casa ou num apartamento de linhas retas, onde tudo tenha, implícita ou explicitamente, um conceito de funcionalidade e de conforto. Aqui se impõe um compromisso de classe: a preocupação com o espaço, com a ideia de luxo, do impecável, do envernizado, do organizado e bem decorado, enfim, de valores que bem caracterizam o comportamento sociocultural não só da classe média, mas de uma vasta parcela da sociedade. Como se vê, há toda uma estética do gosto na arquitetura contemporânea racionalista que cria a lógica da diferenciação cultural e se traduz em níveis de privilégios.

E aqui, mais uma vez, quero me valer das palavras de Jean Baudrillard, justamente quando o autor trata do luxo e do efêmero na arquitetura. Partindo de uma análise semiológica do espaço móvel e da integração dos objetos a esse espaço, Baudrillard diz que "para certa vanguarda arquitetônica, a verdade da habitação futura está na construção efêmera: estruturas móveis, variáveis, desmontáveis. Uma sociedade móvel deve ter uma habitação móvel. E é verdade, sem dúvida, que isso se inscreve na exigência social e econômica da modernidade. É verdade que o 'déficit' que hoje representa (e mais a mais no futuro) a construção em partes duras e em matéria durável é colossal: ela contradiz a racionalidade econômica e das trocas sociais, a tendência irreversível em prol de mais mobilidade social, de flexibilidade das infraestruturas etc. Mas se, por estas razões, a arquitetura efêmera deve ser um dia a solução coletiva, é neste momento o monopólio de uma fração privilegiada, à qual seu padrão econômico e cultural permite pôr em causa o mito do durável".

Quero finalizar a primeira parte desta discussão analisando agora o gosto para a escolha dos objetos e suas funções. Peguemos novamente o exemplo do estilo colonial. É de se imaginar que um móvel, como um conjunto de poltronas e sofá de estilo "colonial americano", tenha a função precípua de propiciar conforto e de melhor decorar o ambiente. Torná-lo agradável, segundo seu proprietário. Esta função é verdadeira, sem dúvida.

Mas, subjacente a ela, há todo um imaginário, toda uma psicanálise que nos reporta ao mito da autenticidade, da valorização da raridade e do antigo. O valor estético do antigo, suas linhas que mais lembram o barroco cultural se diferenciam muito daquele estilo padronizado, produzido em série na linha de produção industrial. Os detalhes esculpidos na madeira afastam de imediato a ideia da produção em grande escala. Ao mesmo tempo, nos induz a pensar quanto tempo o artesão (e não o operário da linha de produção industrial) levou para esculpir na madeira tantos detalhes. É sem dúvida um trabalho que se nos apresenta (quando menos pensamos nisso) como uma obra de arte. Nesse caso, o gosto pelo antigo é duplamente valorizado: em primeiro lugar pelo seu caráter "artesanal" – e não industrial, que seria comum a todos (o objeto artesanal não o é) –, e em segundo lugar porque no objeto "artesanal" o número de horas de trabalho do artesão é muito maior e, portanto, além de ter fabricado uma peça "única", trouxe ao presente a "autenticidade" da mística do passado. Além disso, criou um símbolo que nos remete à imagem de que seu proprietário é uma pessoa bem-sucedida economicamente, desfruta de uma posição social privilegiada e, sobretudo, é dotada de muito "bom gosto". O "antigo" que decora o ambiente tem por objetivo legitimar o êxito social do seu dono e diferenciá-lo, em termos de gosto e de status, das pessoas que não possuem o mesmo nível socioeconômico. Não importa que tudo isso seja apenas na aparência, uma vez que a tecnologia da produção industrial de móveis já "esculpe" a madeira como o artesão e lhe atribui à mesma aparência "rústica" e "antiga" dos móveis coloniais.

5. O gosto médio pelo "natural"

Exemplo semelhante ocorre com o ambiente cujo motivo básico da decoração privilegia o natural, o bucólico, nos aproximando da ideia de paz, de tranquilidade e de algo telúrico. Nesse caso, a decoração vive uma ambiguidade interessante. O objetivo é tornar o ambiente o oposto da austeridade, da formalidade e do clima até certo ponto "carregado", pesado, do ambiente colonial. Noutras palavras, é a negação da estética do gosto pelo antigo. E também a tentativa de recusar os valores estéticos daquela parcela da classe média, preocupada com a disposição estratégica dos objetos no ambiente, de recusar o material brilhoso, a madeira envernizada, o piso vitrificado, os tacos de *sinteko*, a mesa de fórmica, enfim, é a tentativa de rejeitar a tecnologia industrial e a ideia de que tudo o que é moderno é bom. Pois a ambiguidade da qual falei consiste principalmente em negar a estética do gosto pelo antigo e, em segundo lugar, de tentar negar o que poderíamos chamar também de estética do gosto pelo moderno.

O terceiro aspecto caracteriza melhor a ambiguidade. Negar a estética do gosto pelo moderno fica apenas na tentativa. Fundamentalmente, não só não nega como subjaz a essa postura de resistência ao moderno industrial, o desejo de ser moderno por meio da contestação da produção em série, da automação do homem na linha de produção, de combater a poluição industrial, enfim, de se solidarizar, de lutar pela ideologia do "naturalismo". Uma espécie de "volta às origens", mas dentro da modernidade. Esta é, claro, uma posição de moderno, da ideia de modernidade, noutra esfera. Mas quando se sai da mera apreciação de valores e de gosto estético para a observação empírica dos fatos, aí sim, nós vamos ver que o problema passa a ser de outra ordem. Ou seja: ele sai do plano da ambiguidade para o plano da contradição.

Digo isso porque, embora haja uma preocupação em dar ao ambiente um tom, um aspecto "natural", há um nítido desejo das pessoas que o idealizaram de serem reconhecidas por suas ideias modernas e por terem criado um ambiente "naturalmente moderno". Pois bem, a contradição consiste justamente no desejo apenas aparente de contestar o moderno industrial. Isso porque a tecnologia industrial também industrializa o "rústico" para a decoração, o "natural", o "fosco", o saco de algodão cru que forra as almofadas jogadas "naturalmente" no chão, a aniagem feita de juta que forra e protege o piso, beneficia a madeira "rústica" e "natural" das portas e das mesas, fabrica a estopa da cúpula do abajur, a estátua *kitsch* de gesso industrializado, e uma outra série de objetos que só são naturais na aparência. Além disso, a disposição dos objetos no ambiente não é tão naturalmente distribuída como possa parecer à primeira vista. Ela obedece exatamente ao mesmo critério dos ambientes convencionais. O objetivo é criar certa funcionalidade, certa racionalidade no uso do espaço (aliás, uma medida inteligente) e ao mesmo tempo sancionar publicamente o "bom gosto" estético do seu proprietário. Assim, cada peça, cada objeto pode ser meticulosamente estudado, pensado, quanto ao lugar que vai ocupar naquele espaço. Quando não, estuda-se primeiro que objeto ficaria melhor em determinado lugar desse espaço. Só depois de se definir, então, é que se compra exatamente aquela peça para o lugar que lhe foi reservado.

Nesse aspecto, portanto, a aparente imagem de espontaneidade que o ambiente apresenta, na verdade, foi muito bem estudada, preparada para transmitir às pessoas um ambiente descontraído, natural, de bom "astral" e, sobretudo, um lugar de resistência àquilo que poderia ser chamado de industrimodernoso, ou seja, o brilhoso, o laqueado, o fosco, e assim por diante. Portanto, a meu ver, não há exatamente a espontaneidade pretendida por seus idealizadores. Quanto à descontração ou não do ambiente, é muito difícil dar uma opinião sem cairmos no subjetivismo do gosto. Ser ou não ser, nesse caso, não é a questão. Parece-me muito mais um problema de ordem psicológica e emocional de cada um de nós. O ambiente pode, isto sim, estar convencionalmente descontraído. Mesmo assim, ainda há uma dose muito grande de subjetivismo nessa "descontração". Isso é aceitável em parte. Agora, o que é temerário dizer é que esse lugar tem uma decoração de tão bom gosto que torna o ambiente descontraído. Isso realmente é problemático porque está longe, mas muito longe mesmo, de ser uma unanimidade.

Aqui, novamente, cedo a palavra a Jean Baudrillard, que a meu ver, embora seja extremamente severo com os aficionados da ideologia do "belo natural", coloca questões realmente pertinentes quando discute o que ele chama de "o privilégio do natural". Diz ele que "este despojamento do objeto, sancionado pelo gosto, não tem, entretanto, nada de 'natural'. Decorre, ao contrário, da devoção das classes inferiores ao artificial, à afetação barroca do decoro, aos valores morais do velado, do revestido, do cuidado, do aperfeiçoado, aos valores morais do esforço. A afetação é aqui uma falha cultural. A correção (o condicionamento repressivo), as boas maneiras em matéria de objetos, que noutros tempos foram signos culturais da burguesia, são estigmatizadas como traços distintivos das classes pequeno-burguesas que dele se apoderaram. A função essencial dos valores de 'sinceridade', de 'autenticidade', de 'despojamento' etc. – as paredes de concreto bruto, as madeiras foscas, as peles 'esfoladas' – é portanto função de distinção e sua deficiência é desde logo social".

Para terminar esse comentário, quero discutir a última questão: o preconceito estético e cultural implícito na ideologia do "belo natural". Embora não seja claro, assumido, percebe-se que os adeptos do "belo natural" (questionável enquanto belo e enquanto natural) não só resistem à ideia estética do conceito de moderno industrializado, como consideram uma produção, uma coisa de extremo mau gosto, com poucas exceções. O produto industrializado, além de não ter a espontaneidade do objeto "natural", não teria ainda a "naturalidade", o "carisma", a "mística" e a "energia" necessários a um objeto para conviver as 24 horas do dia com as pessoas. O "natural", sim, com certeza tem "alto astral". O produto industrial, por sua vez, é problemático, e já não se pode dizer o mesmo. Portanto, seu "astral" é duvidoso.

Todas essas qualidades atribuídas pelos "naturalistas do gosto" aos produtos naturais (mas nem sempre) não têm, a meu ver, qualquer explicação clara, objetiva e até mesmo racional. Qualquer pessoa pode usar as mesmas palavras para falar de objetos que nada tenham de natural. Aliás, por exemplo, os próprios aficionados dos produtos industrializados poderiam usar os mesmos termos, um tanto apologéticos, em defesa desses produtos. Da mesma forma que fica difícil contestar os "naturalistas" quando exaltam sua opção pelo "natural", quero dizer que essa mesma estratégia, do falar sem nada dizer, pode também ser usada pelas pessoas simpatizantes da estética industrial moderna. Coloquemos a questão bem clara e em "pratos limpos" para não corrermos o risco de cometer injustiças. É possível, com argumentos claros e objetivos, contestar alguém que acredita serem os produtos industrializados naturalmente dotados de espontaneidade, naturalidade, carisma, mística, energia e um alto astral? Certamente, não. Essas palavras apenas passam uma ideia de conjunto de que tal produto é bom para aquela pessoa que discorre sobre ele, naquele momento. O que não se deve é fazer dessas palavras uma verdade universal. Senão, é claro, gosto não se discutiria. Mas, ao contrário, gosto se discute. Do mesmo modo que não existe uma estética universal; não pode haver um gosto universal.

  Nesse sentido é que consigo captar certo preconceito, certo dogmatismo das pessoas que, apesar de comprarem objetos industrializados, não percebem e, inadvertidamente, depreciam esse produto em defesa dos objetos naturais. A explicação de que eles têm energia, carisma etc. chega a ser tão ingênua quanto pueril. Ao mesmo tempo, me lembra um pouco as explicações dos horóscopos ou de cartomantes, onde tudo pode lhe acontecer ou não acontecer.

Esse pendor pelo natural, na verdade, não é um fenômeno recente. Ele parece ter suas origens ainda nos anos 1960, com o movimento da contracultura e o surgimento da chamada geração *hippie*. O *hippie*, foi um estilo de vida, um comportamento contestatório de jovens americanos e europeus contra a sociedade de consumo. Recentemente, em 2008, publiquei o livro *A cultura da juventude* que trata justamente da cultura *hippie*. Pacificamente, sem violência física, esses jovens se rebelavam contra a vida selvagem do meio urbano-industrial, contra a violência, as injustiças, o consumismo desenfreado, o apelo da mídia, o desamor, o desrespeito entre as pessoas, enfim, contra todos os desmandos da sociedade contemporânea capitalista, que tanto nos angustia e nos agride até hoje e cada vez mais. Parece que as campanhas de solidariedade humana no sentido de minorar os efeitos nocivos dessa desorganização, desse desafeto têm surtido muito pouco efeito.

Ora, os *hippies*, os jovens iriam protestar contra tudo isso. E a forma encontrada foi abandonar suas respectivas famílias (isso agride o capitalismo) e formar comunidades no campo. Nesse lugar eles estariam em constante contato com o amor, a paz e a natureza. Tanto é que nessa época se criou um *slogan*, uma espécie de palavra de ordem: "Paz e Amor". Os jovens da época se cumprimentavam pronunciando o "paz e amor" e levantando a mão com os dedos em forma de "V". Cabelos compridos, comportamento pacato, desejoso de solidariedade humana, condenando a guerra do Vietnã, vivendo na paisagem bucólica do campo, defendendo o amor livre, era essa a imagem do *hippie* dos anos 1960-1970. O movimento era simpático, sem dúvida, mas a utopia era evidente. A contestação era dirigida, como já dissemos, à sordidez do capitalismo. A fase romântica de resistência à sordidez passaria sem que nada acontecesse ao capitalismo. O sonho chegaria ao fim. Ou ainda como disse o ex-*beatle* John Lennon, cabelos longos, líder do grupo, sem nunca ter sido *hippie*: "O sonho acabou". Claro, o sonho acabou para o desencanto de muitos jovens. Não se pode viver no país da utopia. Ele é apenas uma ficção do escritor inglês Thomas Morus.

Os *hippies* não tinham nenhuma saída. A tentativa de voltar às origens não poderia dar certo. O caráter libertário do movimento era simpático, mas impossível de sobreviver. A única saída era enfrentar o pesadelo. Fazer o caminho de volta e se deparar com a realidade da sociedade cruel, que um pouco antes haviam rejeitado. Ela os tragaria e os transformaria em homens de negócios, em místicos, em soldados, sacerdotes, enfim, homens reintegrados ao capitalismo.

Estávamos em meados dos anos 1970. As últimas comunidades *hippies* chegavam ao fim, mas deixavam uma imagem ao mundo de que os jovens desejavam a paz e estavam insatisfeitos com a sociedade em que viviam. Ficou apenas a lembrança do *hippie*. Moças e rapazes amantes do naturalismo, do bucólico e, sobretudo, da paz. Hoje, no entanto, apesar de muita coisa ter ocorrido nesses anos todos, entre elas a presença do *punk* com seu comportamento agressivo, sobrevivem ainda alguns costumes *hippies*. Por exemplo, o pendor pelo natural e o bucólico muito presente ainda, justamente entre as pessoas, hoje, numa faixa de 30 a 40 anos. Esta rápida apreciação sobre o comportamento *hippie* dos anos 1960-1970 certamente não explica tudo sobre a afeição dos jovens dessa época pelo bucólico e o natural, mas a meu ver não deve ser deixada de lado por alguém que pretenda estudar melhor a questão. Seja como for, quando menos é com eles que aumenta ainda mais o gosto pela natureza, o que poderíamos chamar de uma estética do gosto pelo natural. Ou, ainda, como diz fraternalmente a professora Christiane Wagner, que faz parte de outra geração, pensando e comparando com os "caras pintadas", ela criou a expressão "caras de soja", justamente para a geração *hippie*. Pensando bem, tem tudo a ver.

6. Literatura, gosto e qualidade

A literatura certamente apresenta, ao lado da música, um dos maiores elencos de informações e de alternativas para se discutir a questão do gosto. Eu tanto poderia começar a discutir imediatamente a chamada literatura de massa, comparando-a com a também chamada grande literatura, como seguir outro caminho. Preferi a segunda opção por uma simples questão metodológica, para traçar um rápido perfil histórico da literatura não oficial, ou seja, da literatura que ainda não entrou nos currículos das universidades. De qualquer forma, principalmente por questão de método, é inevitável e muito bom que comparemos ambas as modalidades literárias. Isto será feito no decorrer da discussão.

Quero começar pela literatura francesa proibida no século XVIII. Como toda produção cultural renegada, a literatura ilegal na França pré-revolucionária permanecia quase invisível, escondida, discriminada, mas muito atuante. Os simpatizantes dessa literatura (escritores, leitores, editores e livreiros) não podiam, sob pena de punição, transitar com um livro desses nas mãos. Chamados de subliteratos, escritores piratas, leitores de mau gosto e mascates, eles eram execrados pela *intelligentsia* francesa do *Ancien Régime*. Eram vistos como os verdadeiros representantes do *bas-fond* cultural francês. Aproveito para citar o trabalho minucioso do historiador Robert Darnton sobre o assunto nessa época, intitulado *Boemia Literária e Revolução*. Analisando a literatura ilegal francesa, o autor acrescenta que "a clandestinidade teve especial importância no século XVIII: a censura, a polícia e uma corporação monopolista de livreiros tentavam sujeitar a palavra escrita aos limites impostos pelas ortodoxias oficiais. Ideias heterodoxas só podiam circular por meio dos canais da clandestinidade. De que maneira? É bem pouco que sabem os historiadores acerca da forma como era escrita, impressa, distribuída e lida, sob o *Ancien Régime*, a própria literatura ilegal. Dos livros proibidos, é natural, sabe-se menos ainda. A maior parte, contudo, do que hoje se tem por literatura francesa do século XVIII transitava pela calçada não iluminada da lei na França daquele século".

  Outro aspecto significativo dessa literatura é a sua ligação com os acontecimentos que antecederiam a Revolução Francesa. A opinião pública na França do século XVIII ganhava força. O público leitor, indiferentemente, discutia nos bares, na rua e nas calçadas as ideias iluministas que começavam a incomodar o *Ancien Régime*. O clima, na verdade, era de intensa agitação política e cultural, bem própria dos momentos que antecederiam a Revolução Francesa. É claro que a produção cultural e em especial, nesse caso, a produção literária estaria, de alguma forma, contribuindo para a transformação da sociedade que ocorreria com a Revolução.

A chamada subliteratura, que inicialmente se imaginava restrita e inexpressiva, apareceria mais tarde como um vasto universo das letras. Mas, é claro, já naquela época, das letras discriminadas por parte da *intelligentsia* e estigmatizada pela nobreza. O fato é que, apesar de limitada pela ilegalidade, clandestinidade e, sobretudo, pelo próprio preconceito intelectual, a "literatura de bar", "subliteratura", ou "literatura de calçada", como chamavam alguns, começava a incomodar a nobreza. Claro, só havia motivo para isso. Essa literatura era frontalmente contra o despotismo político e intelectual da aristocracia. As palavras de P. J. B. Gerbien, exatamente em 1789, deixam transparecer ao mesmo tempo o autoritarismo e o temor dos aristocratas. "De onde provém tão insensata agitação? De uma turba de escreventes e rábulas, de escritores sem nome, escrevinhadores esfaimados, que se dedicavam a agitar o populacho em clubes e cafés. Eis as forjas que forjaram as armas que as massas hoje empunham."

Era esse, de certo modo, o juízo da aristocracia sobre o *underground* literário francês. Embora não se tenha conhecimento preciso do número do "proletariado literário", se é que assim podemos chamar, sabe-se que eram muitos. Certa ocasião, o escritor Mallet du Pais fazia um registro, ainda que superficialmente, do que ele chamaria de subliterato: "Paris está coalhada de jovens que confundem a módica habilidade com talento: escriturários, guarda-livros, advogados, soldados. Bancam os autores, gemem de fome, mendigam. E fabricam panfletos".

Seja como for, o fato é que não se pode negar a importância social e política do "subliterato" e sua obra. Como diz Robert Darnton, não era "preciso recensear os escritores do século XVIII para compreender a tensão entre os subliteratos e os homens de '*le monde*' às vésperas da Revolução. Os fatos da vida literária daquele tempo falam por si". O provincianismo e o preconceito marcaram profundamente a literatura francesa do século XVIII. Ao mesmo tempo em que a vida boêmia era uma das características do escritor francês, servia também como empecilho. Editores e livreiros, influenciados pela imagem negativa da boemia sobre o escritor, receavam investir seu capital naquelas obras. Alguns poucos escritores, é claro, apesar de boêmios, eram publicamente reconhecidos. A esses, os editores ofereciam bons contratos, sem que a boemia pesasse negativamente. Outros, porém, recebiam muito pouco pelo seu trabalho. Mais grave ainda era a situação dos que não conseguiam contratos. Esses não tinham alternativa. Procuravam as editoras piratas que nada pagavam.

Um fato desolador registrado por Robert Darnton não posso deixar de mencionar. Ele sintetiza a situação do escritor francês não consagrado no *Ancien Régime*. Diz o autor: "A exceção de Diderot, que nunca rompeu inteiramente os laços com a boemia literária, nenhum dos grandes *'philosophes'* de meados do século contava muito com o produto da venda de seus livros. Mercier afirmou que em sua época só uns trinta 'profissionais' de gabarito viviam da escrita. O mercado aberto, 'democrático', capaz de alimentar um grande número de autores ativos, não apareceria na França senão quando o século XIX já estivesse adiantado. Antes dos tempos da prensa a vapor e do público leitor de massa, os escritores viviam ao longo da estrada, recolhendo esmolas dos ricos e pondo em prática, conscienciosamente, o método que tão bem funcionara no caso de Suard – e, se fracassassem, deixavam-se tombar na sarjeta".

Convém registrar que os escritores da subliteratura francesa, apesar das dificuldades que enfrentavam, possuíam algumas instituições com o objetivo de defender seus interesses e de divulgar seus trabalhos. Algumas organizações, como, por exemplo, os *musées* e *lycées*, surgiram na década de 1780. Claro está que essas instituições (elas não foram as únicas) em quase nada iriam melhorar a condição do escritor que tivesse seu trabalho vinculado à imagem da subliteratura.

Desrespeitosamente chamadas por seus adversários de "fezes da literatura", os "subliteratos" enfrentavam ainda problemas como agressões pessoais. Suas obras abordavam temas (veja a obra de Jules Bertant, *La Vie Littéraire au XVIII Siècle*, Paris, 1954) ligados à pornografia, obscenidades, homossexualidade, destratavam a religião, e assim por diante. Isso nos lembra as obras de escritores brasileiros como Adelaide Carraro, Cassandra Rios, Dr. G. Pop e outros que integram um grupo de escritores marginalizados, não participantes da literatura brasileira.

Apesar de serem considerados de extremo mau gosto literário (você pode ver pelas expressões "fezes da literatura", *basse littérature* etc.), o fato é que essa literatura tinha público para garantir sua permanência. Não tinha, isto sim, uma organização de apoio e nada que a estimulasse. Além disso, alguns escritores se envolviam com a polícia, que os perseguia. Corruptos, tanto quanto a polícia, eles recebiam favores da própria polícia para denunciar os colegas. É o caso, por exemplo, de Jacques-Pierre Brissot de Warville, líder girondino que se tornaria espião. Era essa a forma estúpida e insensata que alguns escritores encontravam para se manterem atuantes.

É bem verdade que esse comportamento sórdido não chegaria a comprometer a imagem do escritor junto ao público. Até porque muitas vezes ele não chegava a tomar conhecimento desses atos. O pre-conceito, o grande estigma, mesmo, era com relação à qualidade do trabalho, considerado sempre de mau gosto. Um conceito subjetivo, preconceituoso, a meu ver, portanto, passível de muitas discussões e discordâncias. E aqui cabe um reparo que pretendo fazer. Não por uma questão de simpatia a um movimento *underground*, mas pelo simples fato de não concordar com posições maniqueístas, do tipo, "gostei", "não gostei", é de "bom gosto", é de "mau gosto". Isso não prova outra coisa senão o preconceito de classe. Uma coisa inaceitável. O *bas-fond* literário francês, como sempre foi chamado, tem sua singularidade, importância política e cultural inquestionáveis.

Não podemos, por exemplo, minimizar a importância da obra de Jean-Paul Marat, Pierre-Augustin Caron de Beaumarchais, nem do próprio Jacques-Pierre Brissot de Warville. Cito esses três, mas há muitos outros. Suas obras lutavam contra o autoritarismo da aristocracia e o elitismo intelectual da época. São escritores revolucionários cujo trabalho teve sua importância na luta contra a aristocracia.

Concordo com as palavras de Robert Darnton quando acrescenta que "a mentalidade dos subliteratos condenados à clandestinidade exprimiu-se com excepcional veemência nos últimos anos do *Ancien Régime*. E falou por intermédio do *'libelle'*, o principal meio de vida do subliterato, seu ganha-pão e gênero favorito. Um gênero que merece ser resgatado da negligência dos historiadores, pois comunica a visão de mundo da boemia literária: um espetáculo de velhacos e idiotas vendendo-se uns aos outros, sempre vitimados por *'les grands'*. O verdadeiro alvo dos *'libelles'* era o *grand monde*. Difamavam a corte, a Igreja, a aristocracia, as academias, os salões – tudo o que fosse elevado e respeitável, sem perdoar a própria monarquia – com uma insolência difícil de imaginar ainda hoje, mesmo em se tratando de gênero com longa carreira na literatura clandestina".

Era esse, em síntese, o clima da vida literária clandestina na França, até alguns anos após a Revolução de 1789. Na verdade, essa literatura apresenta apenas um pequeno aspecto da grande efervescência cultural da época pré-revolução. Devo acrescentar, finalmente, que a literatura clandestina desse período não era uma singularidade dos franceses. A repressão sim, era muito mais forte nesse país.

Na Inglaterra, ao contrário, os meios de comunicação que começavam a aparecer já por volta de 1750 estavam nas mãos da burguesia que despontava muito forte. Os ingleses produziam e distribuíam a *Gentleman's Magazine*, uma espécie de revista com uma variedade de temas muito grande, fundada em 1731. Sua tiragem, embora não tivesse época certa para sair, era aproximadamente de dez mil exemplares. Um número respeitável, se considerarmos que a população inglesa era calculada em mais ou menos sete milhões de habitantes. A revista (se é que assim podemos chamar) veiculava um tipo de literatura muito semelhante àquele encontrado na França desse mesmo período. Temas literários muito afeitos ao gosto popular abordavam a criminalidade, o horror, as mazelas da Igreja, a corrupção política, a pornografia, entre outros. A *Gentleman's Magazine* foi um veículo tão bem-sucedido que não ficou circunscrito apenas ao público da chamada "subliteratura". Chegou, inclusive, como nos mostra o trabalho de J. J. Richetti, *Popular Fiction before Richardson*, Oxford, 1969, a concorrer com a ficção de escritores já bem-sucedidos na época, com Richardson, Smollett e Fielding, por exemplo. Isso vem, de forma insofismável, consagrar o gosto literário popular, a despeito de todo o preconceito de classe quanto ao tema e à qualidade da obra.

A partir da segunda metade do século XVIII surgem os primeiros jornais, como o *Morning Chronicle* e *Morning Post*, por volta dos anos de 1769 e 1772. Em 1785, aparece *The Times*. Era o prenúncio, a aurora da imprensa de massa do nosso século. O gosto popular consagraria esses jornais, transformando-os no seu grande veículo de comunicação.

O acesso à informação estava, ainda que timidamente, mais próximo de uma parcela muito maior da população inglesa. O privilégio da aristocracia, até então monopolizadora da cultura, ainda não estava nem sequer ameaçado. De qualquer forma já era um prenúncio de que mais tarde isso iria ocorrer. Esse fato não significa, evidentemente, que surgiria, a partir desse momento, uma cultura democrática. Longe disso. Historicamente sabemos, a aristocracia não desejava abrir mão de seus poderes.

Ora, se durante o século XVIII surgiram a imprensa barata, os jornais, as bibliotecas, isso não significava a inclusão da classe operária emergente. Ela permaneceria ainda à margem da educação e da cultura. De qualquer modo, esses acontecimentos é que levariam mais tarde, no século XIX, ao surgimento da literatura de folhetim. Esta sim, já bem mais próxima daquilo que no século XX os críticos chamariam de cultura de massa. Seja como for, um aspecto precisa ser seriamente considerado: a estética do gosto popular. Qualquer discussão que envolva gosto estético, cultura, qualidade de obras, produtos etc. não pode omitir a seguinte questão:

historicamente, a partir do século XVIII, quando a Revolução Industrial criaria condições para maior acesso à cultura por parte das classes mais populares, vamos presenciar o seguinte: o público leitor, classe média ou proletária, sempre preferiu a ficção literária popular aos produtos mais eruditos da cultura.

Não acredito que eu estaria cometendo um grande erro se estendêssemos a uma determinada parcela da aristocracia e da burguesia esse gosto pela ficção popular. Aliás, a expressão "popular" já é discriminatória, porque estabelece de antemão uma hierarquia do saber e da cultura. É provável que eu tenha razão. Da mesma forma que tenho razão quando digo que hoje a burguesia se envergonha de dizer que gosta de alguns produtos rotulados de "brega". Recentemente, é bem verdade, alguns intelectuais brasileiros quebraram essa tradição em nosso país. Mas isso é a exceção e não a regra. O jornal *Folha de S. Paulo*, de 10 de maio de 1987, publicou a matéria "Os intelectuais também gostam", do crítico Nelson Ascher, onde "escritores, filósofos e críticos brasileiros, acostumados a lidar com a alta cultura, revelam suas preferências em áreas menos consagradas".

Pois bem, pelos motivos aqui apresentados é que eu quero insistir num aspecto que já mencionei: o fato de o grande público sempre ter optado pela ficção popular em detrimento dos produtos da cultura erudita. Há um outro gosto estético, uma outra concepção do belo, um outro conjunto de valores que formam uma outra estética tão importante quanto aquela estética e a concepção do belo consagradas pelo erudito. Não há também uma estética cientificamente precisa para termos como parâmetro e julgarmos o "bom", o "ruim", o "feio", o "belo", e assim por diante. Acredito muito na frase de Voltaire: "Perguntai a um sapo o que é a beleza, o belo admirável. Ele responderá que é a fêmea dele, com seus dois grandes olhos redondos, salientes, espetados na pequenina cabeça, um focinho largo e achatado, barriga amarela, dorso acastanhado". Por isso, não se pode nem se deve atribuir somente ao desenvolvimento industrial e a questões mercadológicas o grande sucesso da literatura de massa nos nossos dias.

Ao mesmo tempo, é duvidosa, a meu ver, a afirmação de que a cultura de massa é a grande responsável pelo declínio do gosto estético das massas, só porque veiculam produtos que a burguesia culta, erudita considera de mau gosto, alienantes etc. Se realmente a cultura de massa e seus agentes fossem os culpados de tudo isso, como se explicaria então, por exemplo, o sucesso da literatura clandestina na França do século XVIII, a despeito de ter sido preconceituosamente rotulada de "fezes da literatura"? Como podemos da mesma forma, explicar o incontestável sucesso dos chamados temas "vulgares" e "banais" da literatura inglesa desse mesmo período?

Dizer que são produtos do gosto estético de um período histórico em que as massas ainda eram desinformadas, incultas e semialfabetizadas é reduzir demais o problema. É acreditar, por exemplo, que o "perfeccionismo" estético só é possível nas esferas da alta cultura. Ora, isso não é verdade. O gosto estético não é mensurável porque ele se explica pela emoção e não pela razão.

Além disso, acreditar no maniqueísmo, quanto mais culto, mais próximo do "bom gosto", quanto menos culto mais próximo do "mau gosto", é assumir um elitismo estético muito perigoso. É sobrepor, noutras palavras, a cultura erudita à sensibilidade humana, quando na verdade elas se completam. Quem fizer isto, a meu ver, está incorrendo num erro. É preciso muita cautela com essa questão. Eu, de minha parte, só não aceito a ideia de gosto estético mais refinado do erudito. Sem nenhuma explicação lógica, racional, atribui-se bom gosto estético ao homem culto. A antítese, por sua vez, é quase sempre verdadeira. Assim, se há uma estética do gosto, um conceito do belo para a burguesia culta, há também para os iletrados, semiletrados e proletários. São duas estéticas diferentes, permeadas de valores de classes, cada uma com sua própria lógica interna. Compararmos fica difícil. A não ser que deliberadamente desejemos incorrer em erros.

Quero agora retomar a questão da chamada "subliteratura" para discutir a força e a importância estética da literatura de folhetim na França do século XIX. Importante registrar logo de início o seguinte: o romance popular dessa época, como de resto toda a chamada literatura de folhetim, tem suas origens naquele movimento literário clandestino que para alguns ficou conhecido como as "fezes da literatura".

Na verdade, esse movimento literário (se é que assim podemos chamar) pode ser considerado o ponto de partida do que hoje chamamos de literatura de massa. A partir de meados do século XIX, o cordel desaparece definitivamente na Europa, em face de um jornalismo mais ágil e industrializado que estava surgindo. Já em 1850, o folhetim praticamente não tinha concorrentes. Era uma espécie de literatura popular produzida e consumida em quase todos os centros urbanos europeus.

Mas a literatura de folhetim, na verdade, nasce de uma estratégia comercialmente bem-sucedida de aumentar as vendas de jornais, em face do jornalismo competitivo, já muito bem delineado. A ideia era a seguinte: cada exemplar de jornal traria pequenos trechos no rodapé de uma história que necessariamente deveria continuar no número seguinte. Mais ou menos como ocorre hoje, com a telenovela no Brasil. Acho, inclusive, muito apropriada a expressão usada por Muniz Sodré, quando chama a telenovela de "folhetim eletrônico". O processo é o mesmo, substitui-se o veículo.

Um dos jornais de maior sucesso no uso dessa estratégia foi *La Presse*, fundado em 1836, por Émile de Girardin, embora o idealizador do "folhetim romance" tenha sido Gustave Planche, em Paris, na década de 1820. A todo momento, porém, havia alterações na forma e estilo, até se chegar ao modelo ideal de apresentar ao público leitor. A técnica de narrativa, importante elemento no sucesso do folhetim, era continuamente aperfeiçoada. Suas características iniciais são: linguagem acessível, suspense para gerar expectativa, temas vibrantes, diálogos com breves réplicas, enfim, formas que se identificam muito com o que em teoria literária se costuma chamar de romance ou obra de estrutura linear.

Interessante notar um aspecto muito importante: nessa época *La Presse* já possuía algumas características que o identificavam com um veículo especializado no que hoje chamamos de literatura de massa. Em face do sucesso e do próprio estilo do jornal, seu proprietário reservava um espaço especial para as propagandas. A procura pelo jornal e pelo espaço publicitário iria consagrar *La Presse*.

Com o desenvolvimento tecnológico, novas técnicas de fabricar papel e impressão iriam torná-lo disputado por seus anunciantes. Estávamos aqui, ainda no século XIX, diante das primeiras investidas e criações de *marketing*. A impressão e o papel cada vez mais bonitos certamente aumentariam as vendas de *La Presse*. Estávamos, sem dúvida, presenciando a aurora da sociedade de massa. A literatura de folhetim tornava-se ao mesmo tempo uma eficiente técnica de *marketing* para vender jornais e boa opção de leitura para um grande contingente que procurava todos os dias os centros urbanos em função do mercado de trabalho.

A trajetória do folhetim passaria, a partir de 1840, para um outro estágio bem mais comercial e profissional. Já era na verdade um empreendimento plenamente consolidado. Faz parte do seu processo de modernização a criação do "romance popular". Essa expressão, com efeito, inauguraria uma nova fase daquilo que inicialmente recebeu o nome de literatura de folhetim. As obras agora não eram mais editadas em capítulos no rodapé dos jornais. Eram publicadas em forma de livros.

É dessa forma que nasce a coleção "Romance Popular". E, realmente, esse empreendimento tornou-se o grande sucesso da indústria editorial na França do século XIX. Mais do que isso, o romance popular serviu para consagrar um gosto literário que, apesar do sucesso irreversível, continuava sendo (como é até hoje) discriminado pela elite intelectual. Enquanto isso, o romance popular batia recordes de venda, como acontece hoje, por exemplo, com as obras de Sidney Sheldon, Georges Simenon, Stephen King e Harold Robbins, entre outros.

A expressão "popular", é evidente, tinha um objetivo muito claro: aproximar o povo, os semiletrados, as classes pobres dessa modalidade literária. Pois bem, se por um lado era uma técnica de *marketing*, um recurso publicitário a mais, por outro era uma iniciativa baseada na verdade. O povo realmente prestigiava o romance popular, mesmo antes de ele receber esse nome. Por isso é que hoje, se tivéssemos que apontar as origens da literatura de massa, não teríamos dúvida em dizer que ela começa na década de 1820 com o "folhetim-romance" de Gustave Planche. Mais tarde se consolidaria com o advento do "romance popular". É claro que a Revolução Industrial e o consequente aprimoramento da grande imprensa foram determinantes para a consolidação da cultura e da literatura de massa.

Desse período para cá, a literatura de folhetim passou por muitas transformações, recebendo os mais diversos nomes. São eles: literatura de consumo, literatura de entretenimento, literatura de mercado, literatura popular, romance popular e literatura de massa. Certa ocasião, o escritor francês Gustave Flaubert classificou-a de "literatura industrial". O nome, na verdade, é o menos importante em tudo isso. Interessa-nos, isto sim, reexaminar em que consistia a literatura de folhetim. Os conceitos e as classificações são muitos, mas a síntese do que ela pode ser aparecem em trabalhos consagrados, como *Qu'est-ce que la Paralittérature?*, *Le Roman Populaire*, de Jean Tortel, *Sociologie du Roman Populaire*, de Yves Olivier Martin, entre outros.

Por suas características peculiares, por se diferenciar da chamada "grande literatura", por ter uma lógica interna própria e, sobretudo, por não se enquadrar nos padrões estéticos consagrados pela literatura oficial, podemos dizer que a literatura daquela época tinha como característica (como tem hoje a literatura de massa) uma forma literária onde a objetividade e a intelecção do texto são colocadas em primeiro plano. O leitor, não importa seu nível intelectual, seu grau de cultura e de informação, não teria dificuldades em ler um romance de folhetim. A técnica narrativa visa a ocupar uma parcela significativa do mercado editorial destinado a pessoas interessadas na literatura como forma de lazer e de entretenimento. Os estudiosos da teoria do romance entendem-na ainda como uma modalidade literária limitada a funções informativo-culturais. Fazem parte dessa categoria os romances policiais, de aventura, ficção científica, entre outros. Modernamente eles são conhecidos como *best-seller*.

Os teóricos da literatura elaboraram uma tipologia do romance levando em conta alguns valores que eles chamam de estética literária. Na classificação do alemão Wolfgang Kayser, a meu ver a mais clara e objetiva, a literatura de folhetim enquadra-se no que ele chama de "Romance de ação ou de acontecimento". A principal característica desse romance, segundo Kayser, é seu caráter linear. A narrativa estaria previamente estruturada para obedecer a uma sequência de início, meio e fim, sem que isso implicasse negativamente na ação e na agilidade da própria forma de narrar do autor. A narrativa teria ainda, como objetivo, criar situações e momentos de melodramas, de suspense, de aparentes conflitos e desespero, passando para um plano secundário as implicações sociais e psicológicas das personagens.

Estariam incluídos nessa categoria estética de narrativa linear os maiores escritores da literatura de folhetim ou romance popular do século XIX. Apenas como exemplo, quero citar os nomes e obras de Eugène Sue, *Os mistérios de Paris* (1842), *O judeu errante* (1843); de Alexandre Dumas, *O conde de Monte Cristo* (1844); de Paul Féval, *Os mistérios de Londres*; de Ponson du Terrail *Rocambole* (1840), entre outros.

Quero agora discutir a questão estética da narrativa linear. O francês Eugène Sue, em *Os mistérios de Paris*, discutia um problema social universal e sem época definida: a justiça social. Além disso, é inegável, a prostituição ocupou lugar de destaque em seu romance.

Tendo como cenário a vida no submundo parisiense, o autor se vale da personagem central, o príncipe alemão Rodolph Geroldstein, para lutar pela justiça social e devolver a dignidade humana perdida pelas pessoas marginalizadas, entre outras coisas, do processo produtivo. Assassinos, mendigos, ladrões e prostitutas fazem parte da narrativa de Eugène Sue. Toda a trama envolvendo essas personagens começa por um fato inusitado. Geroldstein perde o contato com sua filha. Mais tarde, quando tenta resgatá-la descobre, para sua desgraça e angústia, que ela havia se prostituído. Começa, nesse momento, toda sua luta pela justiça social e contra a miséria humana.

Pois bem, o tema de Sue chamou a atenção de dois grandes pensadores: Karl Marx e Antonio Gramsci. E esse interesse não foi à-toa, evidentemente. Foi em função do grande sucesso que o livro fez entre o proletariado francês. A temática da valorização do homem e da justiça social passaria a fazer parte da pauta de reivindicação dessa classe social. Antonio Gramsci, aliás, chega até a admitir a hipótese de que *Os mistérios de Paris* possa ter sido um incentivo a mais para desencadear a revolução de 1848 na França. Nada disso, no entanto, foi suficiente para mudar a opinião dos críticos. Eles continuam considerando uma obra de qualidade literária inferior. Quando menos, os mais moderados consideram-na de qualidade duvidosa. Seja como for, é inegável a importância política e social da obra de Eugène Sue. Pelo menos para a época, embora o tema seja uma questão universal e não apenas de época.

Aqui precisamos pensar em alguns problemas despertados pela obra. O primeiro é com relação à solidariedade humana. O desejo de Geroldstein de lutar pela justiça social, ainda que seja uma luta inglória, por ser um ato isolado, um ato apenas seu, pode gerar no leitor, é lógico, maior desejo ainda de justiça social. Isso termina sendo, de certa forma, a tentativa de Eugène Sue de interpretar a sociedade francesa de sua época. E tudo indica, me parece, que sua interpretação estava próxima de uma realidade social vivida pelo povo francês. Basta ver, por exemplo, que a obra sensibilizou o proletariado daquele país (pelo menos boa parte) e, em seguida, a Marx e Gramsci. Embora Marx tenha se interessado pelo livro de Sue e tenha, inclusive, reconhecido sua importância social, isso não foi o suficiente para evitar algumas críticas como, por exemplo, a que aparece no livro *A sagrada família*. Vejamos: "No romance de Eugene Sue, passa-se da escumalha para a alta roda, como, aliás, em todos os romances. Os disfarces de Rodolph, príncipe de Geroldstein, conduzem-nos às camadas inferiores da sociedade, enquanto a posição social lhe dá acesso aos círculos superiores. Quando se dirige ao baile aristocrático, não são os contrastes do mundo atual que constituem o objeto das suas reflexões; é o contraste dos seus próprios disfarces que lhe parece excitante. Revela ao seu dócil séquito quão interessante se acha nessas diversas situações".

Ainda assim, é provável que ao ler *Os mistérios de Paris* o leitor atento venha lembrar-se da obra *A mãe*, de Máximo Gorki (pseudônimo de Alexei Maximovitch Pechkov), considerada um expoente literário do realismo socialista. Mas apenas lembrar-se. São obras muito diferentes. Gorki tem uma proposta revolucionária, Sue não. *A mãe* é o romance que conta a trajetória de Pelágia Vlassova, uma mulher proletária que, ao mesmo tempo vai tomando consciência do ideal revolucionário e da necessidade de justiça. Tão obstinado pela justiça quanto sua personagem era Máximo Gorki. *A mãe* é uma obra de profundo humanitarismo. Ela relata todo o drama e a miséria do povo russo no início deste século.

Pois bem, Eugène Sue de certo modo faz a mesma coisa em *Os mistérios de Paris*. Quando o príncipe Geroldstein, à procura de sua filha, passa a conhecer o submundo parisiense, uma das suas preocupações é lutar pela justiça social. Ao mesmo tempo, precisamos ainda pensar no seguinte: a obra de Máximo Gorki traz nitidamente uma preocupação política com os destinos do seu país. Traz ainda toda sua concepção ideológica de sociedade, ou seja, sua simpatia pelo marxismo, que o levou à prisão em 1905 e ao exílio logo depois. Em síntese, o seu ideal revolucionário permeia toda a obra. O mesmo, no entanto, já não ocorre com *Os mistérios de Paris*. Não há, me parece, uma preocupação de ordem político-ideológica em Eugène Sue. Com efeito, a opção por uma ideologia política é indispensável a todo cidadão e deve ser respeitada em qualquer circunstância. Importante ainda registrar o seguinte: qualquer que seja essa opção, ela deve ser respeitada. Este é um dos princípios básicos do exercício democrático.

Feitas as comparações entre a obra de Eugène Sue e de Máximo Gorki, quero agora pensar na questão da estética literária de uma e de outra obra. Que parâmetros teria o analista para atribuir uma qualidade superior a *A mãe* e inferior a *Os mistérios de Paris*, ou vice-versa?

Certamente poderíamos tentar responder a essa pergunta pensando em alguns aspectos inerentes à obra, tais como: a investigação das formas linguísticas, do estilo literário, da significação enquanto obra literária, da própria estrutura do romance, enfim, de outras categorias que diferenciam a chamada grande obra daquela que possui uma forma de narrativa linear. Essas categorias, no entanto, fazem parte de um universo muito restrito.

Elas estão circunscritas ao crítico, ao intelectual especializado em Teoria do Romance ou Teoria da Literatura. Esse profissional tem o domínio do saber teórico e uma formação acadêmica voltada para a observação científica. A linguística, a semiologia, a sociologia, a psicologia e outras ciências são também seus instrumentos de trabalho. Assim, suas opiniões são quase sempre baseadas nas reflexões teóricas sobre a obra. Trata-se, portanto, de um conhecimento altamente especializado e extremamente importante, sem dúvida. Os intelectuais, críticos e teóricos sancionam ou não as análises do seu colega sobre tal obra. A mídia, de modo geral, divulga esse trabalho nos veículos de acesso ao universo dos especialistas e das pessoas interessadas na "alta cultura", apenas para usar a expressão de Theodor W. Adorno. A meu ver, é indispensável e extremamente importante que haja sempre essa prática para discussões.

No entanto, cabem aqui algumas observações. Poderíamos considerar, por exemplo, que tal obra é boa pelo fato de os críticos e intelectuais terem a ela atribuído qualidade superior? A meu ver, a questão é da mais extrema complexidade. Acreditar, por exemplo, que só os críticos e intelectuais podem opinar acertadamente sobre a qualidade estética de uma obra é correr o risco de errar. É também delegar a esses profissionais a árdua função de "donos da verdade", tarefa que a grande maioria deles não aceita, nem admite tal tirania. Seria o mesmo que aceitar uma espécie de "ditadura da *intelligentsia*". Noutras palavras, seria o seguinte: quem detém o saber acadêmico está oficialmente autorizado a falar da qualidade estética de um romance ou de outra obra de arte. Seu parecer será levado a sério porque afinal ele é culto e, sobretudo, detém o saber acadêmico.

É razoavelmente comum as pessoas atribuírem bom gosto ao homem culto. Outras vezes atribui-se às pessoas incultas uma estética do mau gosto, nunca racionalmente explicável. A não ser, é claro, pelo fato de essa pessoa ser inculta e não estar ainda suficientemente sensível aos produtos da alta cultura. Esse raciocínio aparece de forma velada e implícita. Ninguém, no entanto, se atreve a verbalizá-lo. Correria o risco, com razão, de ser chamado de elitista, culturalista, e assim por diante.

Por outro lado, essas pessoas não abrem mão de uma posição que já parece até enraizada (só parece) na nossa cultura: de entenderem que os produtos culturais dirigidos aos incultos, sejam eles da cultura de massa ou não, fazem parte do que hoje é mais conhecido por cultura "brega". O oposto a isso seriam os produtos dirigidos à elite econômica. São produtos da alta cultura, consumidos pela burguesia e pelos segmentos mais altos da classe média.

Ora, a questão não se resolve por aí. Da mesma forma que existem uma cultura e um gosto que caracterizam a estética burguesa, há também uma cultura e um gosto que são inerentes ao universo proletário. Se a burguesia tem gosto refinado ou não, isso é uma questão de puro juízo de valor de cultura de classe, e não há como justificá-lo no plano teórico, a não ser acreditando na afirmativa de que a cultura refina o gosto, o que, aliás, é uma falsa verdade. É fácil perceber empiricamente que isso não pode ser verdade. Senão, toda pessoa culta (admitamos a regra das exceções) seria dotada de bom gosto (convencionalmente falando) e toda pessoa inculta teria mau gosto. É claro, a prática e o nosso cotidiano nos mostram que esse raciocínio não procede. Que o "maniqueísmo do gosto" (se é que assim posso falar) só tem respaldo na irracionalidade, no convencionalismo e na inobservância do espectador distraído.

E aqui acho que vale a pena citar a conhecida frase do teatrólogo italiano Luigi Pirandelo: "assim é, se lhe parece". Ora, se você acha um hipopótamo calmo, afetuoso, bonito e de andar elegante, como eu vou discordar disso? Se você lê *Os mistérios de Paris*, de Eugène Sue, se empolga com a leitura, com suas preocupações humanitárias sobre o submundo parisiense, que parâmetros eu tenho para dizer que essa obra, apesar da sua empolgação, é de qualidade inferior?

Não há, racionalmente, como discordar do seu gosto. A não ser que eu resolvesse, para defender minha posição, usar de um expediente ilícito. Tentar intimidá-lo intelectualmente, usando um discurso vazio, de nada dizer, introduzindo palavras bonitas, nada usuais, e com algumas frases de efeito. Mas aí eu estaria correndo o risco de você, com plena razão, me chamar de impostor. Nesse caso, prefiro ficar com o que pensa a filosofia alemã: o que implica um gosto não deve ser estudado na universidade porque não é científico. E mais ainda, com o pensamento kantiano de que "a estética é o domínio do contingente sem nenhuma lei".

Há ainda uma vertente de teóricos da literatura que procuram incluir na análise da qualidade da obra literária a questão da ideologia. Assim, por exemplo, para o marxismo vulgar, um romance só poderia ser concebido de boa qualidade se impreterivelmente trouxer na sua narrativa uma mensagem revolucionária e apologética à causa do proletariado. Precisa trazer uma mensagem de luta e resistência à exploração e à tirania dos patrões e do capitalismo. Essa luta ideológica em defesa do proletariado tanto pode aparecer implícita como explicitamente na narrativa. Se a obra traz esse discurso ideológico de esquerda deve ser considerada de boa qualidade.

Se, no entanto, ela veicular uma mensagem de direita, ou simplesmente não incorporar questões ideológicas, corre o risco muito sério de ser classificada de reacionária e de péssima qualidade.

Cabe ainda dizer o seguinte: nenhuma obra é inteiramente desprovida de ideologia. Ou ainda, como diz Eliseo Verón, em seu livro intitulado *El proceso ideológico*: "... a significação ideológica de um discurso repousa, não em seu conteúdo denotativo, mas na relação entre o comunicado e as decisões seletivas e combinatórias mobilizadas para construir esse discurso".

Voltemos então às obras de Máximo Gorki, *A mãe*, e de Eugène Sue, *Os mistérios de Paris*. Se usássemos também o critério de conteúdo ideológico da obra, poderíamos dizer o seguinte: o livro de Máximo Gorki possui uma qualidade literária indiscutível. Entre outras coisas, porque, valendo-se da sua personagem, Pelágia Vlassova, que aos poucos vai tomando consciência do ideal revolucionário do seu filho e, depois, dela mesma, passa ao povo soviético a ideia da necessidade imperativa de justiça social. Estava ali, naquele livro, todo o ideário do que seria a Revolução Bolchevique. Nesse aspecto, portanto, independentemente do caráter ideológico da obra, Máximo Gorki, a meu ver, tem um grande mérito, importante para um romancista: antever o seu tempo e a história. Pois bem, ele foi exatamente isso. Antecipou-se aos acontecimentos políticos e à história de seu país.

Nesse aspecto, a obra de Eugène Sue toma outra direção. Ela não traz propostas inovadoras para a sociedade, muito menos a consciência do ideal revolucionário. Suas preocupações humanitárias com o submundo parisiense limitam-se à denúncia das injustiças sociais e da existência de um mundo que só os excluídos da sociedade conhecem. Não há o desejo de transformação do sistema político francês. Não existe, como em Gorki, a simpatia pelo marxismo. Há que se considerar, porém, a data de cada romance: *Os mistérios de Paris* é de 1842 e *A mãe* é de 1905-1906.

Na metade do século XIX prevaleciam ainda os ideais do socialismo utópico, baseados naquilo que pensavam filósofos como Charles Marie Fourier (1772-1837) e Robert Owen (1771-1858). Só no fim desse mesmo século surgiria o "socialismo científico", cujo teórico mais importante foi Karl Marx (1818-1883). As ideias de Eugène Sue estão próximas do socialismo utópico (há quem o interprete como falso socialista), portanto, ainda sem a concepção marxista de interpretar o mundo, segundo a qual a história da civilização sempre se caracterizou pela luta de classes, pela relação entre força de trabalho e capital.

Desse modo, portanto, há que se considerar a diferença temporal importante entre uma obra e outra. A obra de Máximo Gorki, ao contrário da de Eugène Sue, foi produzida num momento histórico em que as ideias marxistas começavam a sair dos livros para a prática. O clima de efervescência política na Europa, e em especial na Rússia, deixava antever que a primeira experiência política do marxismo surgiria sem tardar. É justamente pensando nesse aspecto que eu quero apresentar a seguinte questão: a mensagem ideológica de uma obra seria um dado importante ou, pelo menos, suficientemente significativo para interferir na qualidade da obra? Na minha opinião, não. Isto porque, se considerarmos ideologia como um elemento de avaliação estética, estaremos tornando ainda mais subjetivos nossos critérios para analisar qualquer produto cultural. No tocante à ideologia política, então, o problema torna-se ainda mais complexo.

Sabe por quê? Porque nós não podemos nem devemos nos arrogar o direito de julgar ideologias políticas de forma tão dogmática e radical. A meu ver, devemos respeitar tanto o cidadão comunista militante que deseja transformações de base no sistema político do seu país, na estrutura social, quanto àquele que defende a propriedade privada, que luta pelo *establishment*, pela permanência da sociedade de classes, enfim, por todos aqueles valores inerentes ao capitalismo.

Ora, os princípios mais elementares da democracia nos ensinam a respeitar os adversários políticos e, sobretudo, chamá-los à discussão política. E por que não fazê-lo, mantendo a elegância e o respeito político por sua opção? Ora, uma coisa é respeitá-los e outra é aceitá-los politicamente.

Jamais e em qualquer circunstância devemos abrir mão das nossas convicções ideológicas. Isso, no entanto, não exige que sejamos radicais nem dogmáticos. Exige, isto sim, que tenhamos convicção plena daquilo que pensamos, dos nossos ideais e do que desejamos. Acho que a frase de Ernesto "Che" Guevara sintetiza muito bem o que quero dizer: "Hay que endurecerse, pero sin perder la ternura jamás". Perfeito. Você pode perfeitamente lutar por suas ideias sem que, para isso, precise perder o respeito por seu adversário.

O capitalismo, tanto quanto o comunismo, apresentam falhas profundas em seus sistemas de governo. Um mais que o outro, certamente. Não poderíamos apontar, neste livro, todas as falhas e as virtudes desses sistemas políticos. Primeiro porque, como todas as pessoas, eu também tenho minhas limitações e não saberia apontar todas elas sem antes fazer uma pesquisa profunda. Em segundo lugar, porque o próprio espaço do livro não comporta essa discussão. De qualquer forma, dois aspectos não podem ser deixados de lado nesta rápida apreciação. Por vivermos numa sociedade capitalista, é mais fácil percebermos seus desacertos. Eles vão desde a miséria humana que aumenta a todo instante e nos agride por onde passamos, até o desrespeito à cidadania pelo Estado, submetendo em alguns casos seus opositores a torturas horríveis praticadas por seus aparelhos repressivos. Foi o caso, por exemplo, do que aconteceu até com certa regularidade na América Latina nos anos 1970 e, em especial, com o Brasil, o Uruguai, a Argentina e o Chile. Neste último país a ditadura do general Augusto Pinochet é interpretada até hoje pelos estudiosos, como a mais cruel e violenta daquele período.

E quanto ao comunismo? Bem, esse sistema político resolveu o mais grave problema, que é a miséria humana, decorrente do desemprego. Mas, do mesmo modo que no capitalismo, os comunistas ainda enfrentam sérios problemas com a censura do Estado no tocante à produção cultural e até mesmo quanto à liberdade de expressão. E ainda sobre os direitos humanos, ou seja, tanto no capitalismo como no comunismo, são muitas vezes desrespeitados.

Diante desse quadro muito rápido e sucinto, é verdade, quero retomar a seguinte pergunta: deve a ideologia política do autor influenciar na avaliação da qualidade estética da obra? De minha parte, como já disse e procurei justificar, entendo que não deve. Até porque ideologia é uma opção política e não qualitativa. De qualquer modo, o leitor deve sempre estar à vontade para concordar ou discordar das opiniões do seu interlocutor.

Quanto à literatura, certamente é uma das manifestações artísticas onde aparece com maior clareza o pensamento ideológico do autor. No século

XIX, além de *Os mistérios de Paris* e *O judeu errante*, de Eugène Sue, vale a pena destacar outros autores da literatura de folhetim, como Paul Féval, *Os mistérios de Londres*; Ponson du Terrail, *Rocambole* (1840), e Alexandre Dumas, *O Conde de Monte Cristo* (1844), entre outros. Todos eles, de alguma forma, deixaram transparecer suas preferências e opções políticas e ideológicas. A mesma coisa ocorreu, como vimos, com os escritores do "submundo literário" parisiense do século XVIII.

7. O gosto e a literatura de massa

Para finalizar as discussões sobre o binômio gosto-literatura, vou agora falar um pouco sobre a literatura de massa do nosso tempo. Diferente da literatura de folhetim, esta modalidade literária possui uma estrutura altamente profissionalizada. Sinal dos tempos, é claro. Existem hoje em todo o mundo editoras que se especializaram em *best-sellers*, considerado o principal produto literário da cultura de massa. Como não poderia deixar de ser, também a literatura de massa é vista como um produto de mau gosto. Mas aqui o caso é bem mais grave.

As opiniões entre os estudiosos se dividem de tal modo que hoje temos duas correntes diferentes. A primeira partidária das teorias da Escola de Frankfurt, surgida por volta de 1947, quando Theodor Adorno e Max Horkheimer escrevem a *Dialética do iluminismo*. A segunda conhecida como "progressista-evolucionista", liderada por Alan Swingewood. O trabalho de Adorno e Horkheimer revolucionariam, sem dúvida, o conceito do que é e do que não é um produto cultural. Mais do que isso, os autores fazem uma análise estética e ideológica extremamente fecunda dos produtos veiculados para o consumo. Com a Escola de Frankfurt começavam as grandes discussões sobre a ideologia do consumo na sociedade de classes. A questão da qualidade do produto passa a ser tema central das preocupações de Theodor Adorno. Questionando com profunda lógica e coerência a função e a qualidade dos produtos culturais postos ao alcance do consumidor, o filósofo alemão escreve um trabalho com o nome *A indústria cultural*. Esse ensaio baseia-se em conferências proferidas pelo rádio em 1962, na Alemanha. Seu objetivo era, entre outros, diferenciar com clareza o produto da chamada cultura de massa, separando-o da arte e dos produtos da cultura popular.

Numa passagem do texto, Adorno mostra o que entende por indústria cultural. Diz ele: "A indústria cultural é a integração deliberada, a partir do alto, de seus consumidores. Ela força a união dos domínios, separados há milênios, da arte superior e da arte inferior. Com prejuízo de ambos. A arte superior se vê frustrada de sua seriedade pela especulação sobre o efeito; a inferior perde, por intermédio da sua domesticação civilizadora, o elemento de natureza resistente e rude, que lhe era inerente, enquanto o controle social não era total".

Há alguns aspectos que devem ser analisados nessa citação. Ela praticamente resume o texto e o pensamento de Adorno sobre o assunto. A qualidade da obra, o gosto pela arte, a deterioração estética e a ideologia da indústria cultural são as principais questões. Ao mesmo tempo percebe-se certo pessimismo, que também deve ser considerado. Já na primeira frase – "a indústria cultural é a integração deliberada, a partir do alto, de seus consumidores" –, Adorno nos dá a nítida ideia do caráter ideológico do que ele chama de indústria cultural. Essa integração, porém, é apenas uma aparência. Ela não pode se efetivar porque, entre outras coisas, fere o princípio da estratificação social do capitalismo. Nesse sentido, portanto, é uma utopia.

Ao mesmo tempo, a tentativa de fazer da arte superior (pode ser entendida como arte erudita) e da arte inferior (a arte popular) um produto acessível a toda a sociedade redundaria em prejuízo de ambas. Tornar-se-iam produtos diluídos e descaracterizados. Perderiam não só sua função enquanto obra de arte, o que já é suficientemente grave, mas também a qualidade e a condição de arte. A descaracterização ocorreria justamente em função do *marketing* comercial de querer transformar a arte erudita em produto comercial a preço acessível. Nesse momento, como diz Adorno, essa arte perderia a própria condição de arte, o prestígio enquanto tal, em face da adulteração comercial. Noutras palavras, ela perderia ainda todas as suas características em decorrência da industrialização para o consumo de massa. Deixaria, segundo o próprio Adorno, de ser arte. Seria apenas mais um produto da indústria cultural produzido em larga escala para o consumo. A qualidade ficaria integralmente comprometida. Ela cederia espaço à deterioração estética e à especulação do mercado em benefício dos agentes da indústria cultural.

Com a arte popular, o destino seria o mesmo. Esse produto perderia as funções vitais que sempre teve: integrar as pessoas na comunidade e servir de elemento intermediador das relações sociais. Com a industrialização, o capital passa a exercer total domínio sobre o produto artístico. Com isso desaparece a arte popular, porque sua característica mais importante, "o elemento de natureza resistente e rude que lhe era inerente", já não existe mais.

Mas, a partir desse conceito, Adorno fica atento a tudo o que ocorre com os produtos culturais no capitalismo. Ele acredita que a indústria cultural resume-se num engodo ao consumidor, transformando-o em seu objeto de lucro e não em sujeito, como inicialmente possa parecer. "As massas não são a medida, mas a ideologia da indústria cultural, ainda que essa última não possa existir sem elas se adaptarem." O lucro é tudo o que desejam os produtores da indústria cultural. A obra de arte, que nunca teve autonomia plena, perde o mínimo que existia como advento da indústria cultural. A arte e a cultura são simplesmente vilipendiadas na sua função e qualidade.

Em síntese, são essas as considerações de Adorno sobre a cultura de massa, que ele prefere chamar de indústria cultural. Pessimista e realista ao mesmo tempo, sua análise arguta, mas em certos momentos apocalíptica, traça um perfil muito preciso da sociedade ocidental contemporânea. O pensamento adorniano (e com ele a Escola de Frankfurt) atravessou o tempo e hoje é um dos mais estudados no que diz respeito à sociedade de consumo. Sua teoria, embora com a restrição de ser chamada de elitista, tem influenciado pensadores importantes, como, por exemplo, Dwight Macdonald nos Estados Unidos.

Desejo agora fazer algumas apreciações sobre a concepção de indústria cultural em Adorno. Como este livro trata de uma utopia do gosto, quero dirigir-me nesta direção. Minha admiração pela obra desse filósofo sempre foi e continua sendo muito grande. Em meu livro *Acorde na Aurora*, onde analiso a música sertaneja como produto da indústria cultural, seu trabalho me serviu de linha mestra para toda a discussão teórica.

Repensando agora o conceito de indústria cultural, ocorrem algumas questões que me têm feito refletir muito. A primeira diz respeito ao acesso da sociedade como um todo a determinados produtos culturais. A segunda refere-se ao gosto pela arte e demais produtos culturais. Fico pensando no seguinte: existe uma arte extremamente refinada, erudita e destinada à elite pensante, aos intelectuais, e que ou está confinada nos museus, lugares frequentados pela burguesia intelectualizada, principalmente, ou então, "está nas grandes e sofisticadas galerias de arte. Ou ainda no acervo particular de colecionadores". Estou tomando as artes plásticas como exemplo. Grande parte da sociedade não tem acesso a essas obras.

Mas, como diz Adorno, toda arte, quando se torna produto da cultura de massa (por meio da cópia e da reprodução), tende a diluir-se e a perder, por meio da cópia, da reprodução, sua condição de arte. Torna-se um produto comercial, um produto a mais da indústria cultural. Ou ainda, como diz o próprio autor, "a arte superior se vê frustrada de sua seriedade pela especulação sobre o efeito". Não há dúvida de que a reprodução da obra de arte torna-se um produto da indústria cultural.

Por outro lado, cabe aqui uma outra pergunta: como tornar acessível o conhecimento da grande arte, a arte erudita, a todos os segmentos da sociedade, se ela está confinada nos museus, galerias e coleções particulares, lugares que, por tradição da própria sociedade de classes, é domínio pleno da burguesia? A alternativa encontrada foi realmente a cópia, a obra *kitsch*, como dizem Abraham Moles e Dwight Macdonald. É bem verdade que o *kitsch* é mais do que isso. E visto às vezes como um produto de mau gosto. O fato é que a moderna indústria encontrou meios de reproduzir a obra de arte (no tocante às artes plásticas), de tal modo que podemos perfeitamente pensar no original. O pensador Walter Benjamin, também integrante da Escola de Frankfurt, analisa, em seu ensaio "*A obra de arte na época de suas técnicas de reprodução*", a questão da multiplicação industrial da obra de arte. Diz ele que "a mais perfeita reprodução falta sempre algo: o '*hic et nunc*' da obra de arte, a unidade de sua presença no próprio local onde se encontra". O autor entende por *hic et nunc* do original "aquilo que se chama de sua autenticidade". Além disso, diz ainda Walter Benjamin que "na época das técnicas de reprodução o que é atingido na obra de arte é a sua 'aura'."

São muito próximas as ideias de Theodor Adorno e Walter Benjamin sobre o assunto. Tão fecundas quanto parecidas. Uma coisa, porém, me preocupa, e por isso volto à minha pergunta: como tornar acessível o conhecimento da grande arte a toda a sociedade? A meu ver, um dos caminhos é, sem dúvida, a reprodução da obra de arte. Compartilho a tese de Alan Swingewood, segundo a qual o desenvolvimento industrial ajudou a democratizar a cultura. Esta é, aliás, a tese que norteia o pensamento da chamada Escola Progressista-Evolucionista.

Ao mesmo tempo não se pode negar que a reprodução de um quadro de Picasso, por exemplo, jamais se aproximará do original e será sempre uma reprodução, embora se possa ter ideia clara da obra. Seja como for, a reprodução industrial parece ser realmente uma alternativa, não para socializar a arte, é claro, mas para torná-la conhecida de um público que até então não tinha acesso à arte erudita. Se, por um lado, ela "se vê frustrada de sua seriedade pela especulação sobre o efeito", como diz Theodor Adorno (e essa é uma questão muito difícil de resolver em seu trabalho), por outro, sua função catártica, seu efeito purificador torna-se mais popular e menos elitizado. Ainda que seja por meio da reprodução, da obra *kitsch* etc. Uma reprodução, é claro, não causa o mesmo impacto do original. Mas causa emoção também. Permite conhecer a obra. Não tem a "aura", como muito bem descreve Walter Benjamin, mas tem a propriedade de democratizar o gosto sem sublimar o desejado, que seria o original. Nesse sentido é que considero a reprodução e a obra *kitsch* importantes e até necessárias. Principalmente numa sociedade como a nossa, onde os museus são estigmatizados (parece que de forma irreversível) como casas que guardam coisas velhas do passado. Na cidade de São Paulo, por exemplo, apesar da magnífica localização do MASP (Museu de Arte de São Paulo), na avenida Paulista, não chega a duzentos e quarenta mil o número de pessoas que vão visitá-lo anualmente.

Até aqui discuti um pouco o conceito de indústria cultural em Theodor Adorno, tomando de passagem o exemplo das artes plásticas. Cabe informar, no entanto, que a teoria da indústria cultural é extensiva a todos os produtos culturais. Por isso, quero retomar a questão da literatura de massa, considerada um produto de mau gosto.

Herdeira do estilo romanesco da literatura de folhetim, essa modalidade literária é vista como uma atividade cultural, que bem caracteriza a sociedade de massa. A maior restrição é quanto à qualidade literária que ela veicula. Sem imaginação, criatividade, uso abusivo da retórica vulgar, de cultura média, baixo nível e de mau gosto, são algumas das características a ela atribuídas. Integram o elenco de temas da literatura de massa o romance policial, de terror, de ficção científica, sentimental, a história em quadrinhos, o "sexo-pornô", entre outros.

Mais expressivo em vendagem do que a grande literatura, esse estilo literário (ou paraliterário, como também é conhecido), com efeito, já é um produto cultural consolidado. Se não é fruto de um movimento literário específico, não é também um modismo que vai passar. É apenas uma parcela do grande elenco de produtos da cultura de massa do meio urbano-industrial, que despontaria ainda em meados do século XIX na Europa bastante aceito pelo leitor.

Hoje, porém, a literatura de massa tornou-se muito diversificada em suas opções. É bastante difícil enumerar todos os tipos de livros, romances e obras à disposição do leitor. Esse leque de opções vem demonstrar a diversidade do gosto do público da literatura de massa. Apesar das dificuldades, pode-se dizer que a paraliteratura apresenta hoje seis grandes grupos de obras.

Como primeiro grupo podemos mencionar o romance de entretenimento: ele consiste em um tipo de literatura cujo objetivo é o passatempo. Uma leitura leve e descompromissada, com estilo literário, narrativas sofisticadas, enfim, sem as pretensões da chamada literatura culta. Refiro-me à literatura oficial, sancionada e estudada nas universidades.

Posso citar alguns exemplos: Sidney Sheldon (*O outro lado da meia-noite*), Harold Robbins (*Os insaciáveis*), Stephen King (*Christine*), Ray Bradbury, Dashiell Hammett e Georges Simenon são os mais conhecidos no plano internacional. São os verdadeiros criadores de *best-sellers* e traduzidos em diversos idiomas. São escritores profissionais que vivem dos seus direitos autorais. Sempre que as editoras lançam um novo livro de qualquer um desses autores, as vendas e o lucro estão garantidos.

No Brasil, merecem destaque José Mauro de Vasconcelos (*Rosinha, minha canoa*), Marisa Raja Gabaglia (*Milho pra galinha Mariquinha*), Luiz Clério Manente (*O campeão*), Orlando Duarte (*Os desesperados*), entre outros. No tocante às vendas, apesar de muito boas, este tipo de romance escrito por brasileiros não tem o mesmo sucesso que os autores internacionais. Todos eles, no entanto, são tidos como autores que fazem uma literatura de muito mau gosto. Dos que mencionei, quero discutir um pouco mais a obra de José Mauro de Vasconcelos. No final dos anos 1960, o autor ganha destaque dos críticos literários pelos jornais. Sua obra era elogiada e até a universidade passaria a estudá-la ao lado dos grandes literatos brasileiros, como Machado de Assis, Guimarães Rosa, Graciliano Ramos e outros.

Nessa condição, seu trabalho de modo geral, em especial o livro *Barro Blanco*, foi tema de dissertação de mestrado na Universidade Católica de São Paulo. Enfim, nessa época e até início dos anos 1970, José Mauro de Vasconcelos era uma espécie de moda. Ler um livro seu era considerado uma escolha literária de bom gosto. Sua produção era intensa, seu prestígio estava em alta e a editora aproveitava o momento literário do autor. Porém, José Mauro sofre as primeiras investidas contra seu trabalho. Do prestígio que tinha em função da obra que havia criado nada sobrou.

Poucos anos mais tarde, por volta de 1973-1974, todo o seu trabalho, até mesmo obras que haviam sido elogiadas anteriormente, como *Rosinha minha canoa* e *Barro Blanco*, passou a ser reavaliado, e em seguida deixado de lado em função da "qualidade duvidosa" que as obras apresentavam. Como ainda não tinha uma imagem de bom escritor consolidada, José Mauro assiste à crítica sistematicamente rejeitar suas obras. Tudo o que ele publicava era classificado como literatura de massa. Nada disso impediu, no entanto, que ele se mantivesse como campeão de vendas. Seu público, como faz a maioria dos leitores fiéis à literatura de massa, não lia nem estava interessado nas críticas favoráveis ou desfavoráveis aos seus livros. Quando faleceu, José Mauro levou consigo o estigma de uma trajetória que certamente já foi e será ainda de muitos outros escritores: sair da condição de bom escritor para a de um produtor de paraliteratura ou subliteratura desprezado pela crítica, mas extremamente prestigiado pelo público leitor.

Quero mencionar só de passagem uma experiência que tive a esse respeito. Quando realizava minha pesquisa sobre a paraliteratura no Brasil, visitava as livrarias do centro nas avenidas São João e Ipiranga, Largo do Paissandu, estações rodoviária e ferroviária, fazendo pesquisa. Certa vez, deparo com uma senhora comprando o livro *Volúpia do pecado*, de Cassandra Rios. Perguntei: "É para a senhora?". Ela me respondeu: "É sim, senhor". "A senhora gosta de Cassandra Rios?". "Dos livros dela que li até agora, gostei de todos." "A senhora sabe que a crítica especializada considera a obra de Cassandra Rios uma literatura de qualidade inferior?". "É, sei sim, senhor". Em seguida arrematou: "Eu não me interesso pela crítica, só pelos livros. Prefiro Cassandra Rios do que a crítica. Eles criticam de acordo com as suas conveniências. Não entendem o gosto do público, por isso é que falam bobagem. Os críticos são preconceituosos". Essa senhora é professora de um colégio estadual na cidade de São Paulo. Quando ela fala que "os críticos são preconceituosos", há uma generalização em suas palavras. Sensata em suas respostas, no decorrer da entrevista ela admitiu haver excessos, embora tivesse reiterado que acha os críticos preconceituosos.

Após esse aparte, quero retomar a classificação das obras da literatura de massa. O segundo grupo pode ser chamado de "obras biográficas". São livros que descrevem a vida de pessoas famosas, cuja publicação terá sucesso de venda garantido. Procuram-se normalmente os grandes astros e estrelas do cinema, do rádio, da televisão, do teatro, do futebol, da música popular, dos esportistas em geral, dos políticos, dos presidiários, dos homens de negócios, religiosos, curandeiros com poderes "sobrenaturais" e assim por diante.

No Brasil, a Editora Rio publicou a vida de Fernanda Montenegro, da cantora Vitoria De Martino Bonnaiutti (Marlene), eleita a rainha do rádio por diversas vezes nos anos 1940 e 1950, Antonio Carlos Brasileiro de Almeida Jobim, Walter Clark, Florinda Bolkan e Orlando Vilas Boas. O cantor Orlando Silva, provavelmente, deve deter o recorde brasileiro entre as personalidades famosas que tiveram sua vida pesquisada e publicada. Nada menos de cinco livros para o mesmo assunto. Surpreendente, a meu ver, é a cantora Carmen Miranda ter apenas três trabalhos. Sobre Elis Regina tem-se pesquisado muito, e é provável que logo apareçam mais biografias, além das duas existentes.

Esse tipo de obra apresenta algumas dificuldades de classificação mais precisa. Eu explico por quê. Certos trabalhos, além de relatos detalhados sobre a vida pessoal e social da personagem, contêm ainda uma pesquisa e análise (muitas vezes minuciosas) sobre sua obra. São os chamados trabalhos "Vida e obra de...". Nesse caso, há a necessidade de se pensar melhor onde incluir esse trabalho – se no grupo de "obras biográficas" ou se entre as chamadas "obras de pesquisa científica".

No plano internacional a proliferação das "obras biográficas" tem sido cada vez maior. Hoje, é quase impossível ter um domínio sobre o número dessas publicações. A área musical, indistintamente, começando pela *country-music*, *rock*, tango, bolero, rumba, samba etc., chegando à música erudita, é provavelmente a mais rica em publicações. É possível ainda que o detentor do recorde de publicações no gênero seja Elvis Aaron Presley. Existem, por enquanto, 28 livros sobre sua vida. Ele foi de meados dos anos 1950 até final dos anos 1960, o maior ídolo internacional do *rock*. Foi ainda, em grande parte, o responsável pela popularização desse ritmo quando, requebrando e rebolando os quadris, num movimento que mais lembra a volúpia do coito, enlouquecia a cabeça das adolescentes e estarrecia a sociedade americana que não imaginava ver nem algo parecido pelo vídeo. Ainda mais em plena metade dos anos 1950. Elvis foi proibido pelas autoridades de se apresentar na televisão, mas a juventude encarregou-se de exigir sua volta e consagrá-lo como "Rei do *rock*", título que se mantém até hoje, trinta e dois anos após sua morte. O livro do brasileiro Maurício Camargo Brito, intitulado *Elvis: mito e realidade*, é o mais completo que conheço sobre o cantor. As "obras biográficas" têm sido um dos grandes filões da literatura de massa em termos mercadológicos.

  O terceiro grupo da literatura de massa pode ser chamado de "obras medicinais". São livros e revistas que apresentam propostas para manter a saúde sempre "em forma". Até mesmo as pessoas que não gozam saúde plena poderão obtê-la por meio da leitura de livros verdadeiramente "mágicos". São os manuais de emagrecimento, de saúde e esporte, por exemplo. São ainda os livros que "ensinam" a tratar da pele, dos cabelos para não caírem, corrigir a postura, o andar, e assim por diante. A ioga a "cura" por meio do chá de raízes, de cascas de árvores (quem não se lembra da "febre" do ipê-roxo que "curava" até câncer?) e de outras alquimias. Dou alguns exemplos: *A cura pelas ervas, Os segredos da yoga* e *A beleza do corpo*.

Esse tipo de literatura de massa apresenta alguns problemas que devem ser repensados diversas vezes. Aqui a situação é bem grave. Não se trata de um estilo literário a mais (como de resto, toda a literatura de massa), à disposição do público leitor, nem de uma opção a mais pelo gosto literário. Ao contrário, a questão aqui envolve a saúde popular. Isto porque, é sensato imaginar, nem todas as pessoas que vão procurar esse tipo de literatura estão comprando e ponderando sobre o conteúdo da obra. E vou um pouco mais adiante. Pela experiência que tenho de quando pesquisei sobre a compra de literatura de massa nas livrarias das cidades de São Paulo, Campinas, Santos, Ribeirão Preto, Bauru e Franca, arrisco agora a dar um palpite. Apenas cinco pessoas em cada cem refletem sobre a veracidade ou não do conteúdo do livro.

Acontece que, por trás de cada livro comprado e às vezes nem lido, surge uma espécie de "rede verbal de informações" de tal modo que, em pouco tempo, os "ensinamentos" daquele livro (embora não comprovados) passam a ser praticados pela comunidade. E o que é mais grave em tudo isso é que muitas vezes as "receitas de saúde" dos livros aparecem como se fossem antigos ensinamentos legados pela medicina popular.

Nesse aspecto, portanto, é que a literatura de "obras medicinais" não pode ser vista apenas sob a óptica do gosto pela literatura. Não é uma questão de gosto, é uma questão de saúde pública. Não foram poucos os casos de pessoas que já morreram por envenenamento por terem ingerido sumo de raízes ou passado sobre a pele. Quando não morrem, ficam sequelas profundas que limitam a vida. Assim, essa literatura é tão importante para a saúde financeira da editora quanto perigosa para a saúde pública. E já nem estou pensando, por exemplo, nas suas sutilezas ideológicas que envolvem não só a literatura, mas toda a produção da cultura de massa. Como essa é uma questão já exaustivamente discutida, analisada e divulgada em quase toda a literatura que trata da teoria da comunicação, prefiro deixar implícita a discussão ideológica e tratar especialmente do gosto literário.

O quarto grupo da literatura de massa é conhecido como "obras ilusionistas". É certamente um dos mais procurados pelo leitor. Eles "ensinam" a fazer sucesso junto às mulheres, ficar rico, subir na vida, ser bem-sucedido, influenciar pessoas, falar bem, vencer pelo otimismo, acertar na loteria, resolver problemas com facilidade, entre outras coisas. O lado místico de cada pessoa, a "explicação" do inexplicável em vida, tudo isso é "resolvido" com extrema facilidade por meio da leitura de obras ilusionistas. A parapsicologia, hipnotismo, telepatia, levitação, esoterismo, enfim, todo aquele elenco de práticas ligadas às chamadas ciências ocultas.

Esse tipo de literatura implica dois aspectos que merecem destaque: o primeiro diz respeito à questão do gosto puro e simples. O inusitado, o desconhecido e o místico exercem um fascínio sobre as pessoas, muito difícil de ser explicado no plano da racionalidade. As explicações científicas por meio da análise do comportamento humano (a psicologia) e da psicanálise já avançaram bastante, mas não o suficiente para esclarecer o fenômeno. Interessante é que, quanto mais oculto e mais distante da compreensão racional, maior fascínio exerce sobre as pessoas.

O sociólogo francês Roger Bastide já havia observado isso. Certa ocasião, ao analisar a importância social das religiões africanas no Brasil, o ilustre cientista deixa de lado toda a racionalidade científica para dar mais uma prova da sua lucidez. Sentindo-se profundamente atraído pela cultura religiosa africana no Brasil, ele resolve aderir e tornarse assíduo frequentador dos terreiros de candomblé. Roger Bastide não sabia e certamente não desejava explicar (como não se explica até hoje), a magia envolvente dos rituais, mas seus depoimentos e o inseparável colar de Xangô que usava no pescoço (há diversas fotografias dele usando o colar) comprovam sua participação como praticante, e não como cientista que era nos ritos religiosos africanos em nosso país.

Pois bem, mas, se por um lado esse "momento mágico" do inusitado atrai tanto as pessoas a ponto de tornar-se um gosto popular, é necessário pensar e observar muito bem. Do mesmo modo que encontramos trabalhos criteriosos, feitos dentro da maior seriedade, há também os mistificadores, que se apoderam e abusam da boa-fé e do público bem-intencionado.

Neste momento, também, é que as "obras ilusionistas" tornam-se nocivas ao leitor. É aqui que elas exploram a desinformação e passam a ser verdadeiros instrumentos de vender ilusões. Alguns livros são, por assim dizer, uma espécie de "super-best-sellers". É o caso, por exemplo, de *O valor do pensamento positivo e O poder do pensamento positivo*, ambas do escritor norte-americano Norman Vincent Peale, e de *Ajuda-te pela nova auto-hipnose*, do também norte-americano Paul Adams.

As chamadas "obras profissionalizantes" formam o quinto grupo. São os livros cuja proposta é ensinar uma profissão sem a necessidade de professor e de aulas. Obras como *Guia prático do torneiro mecânico*, *Técnico em rádio e televisão*, *Aprenda a dirigir* e a série "Sem Mestre", onde aparecem a física, a matemática, a química e outras ciências. Diferentemente das obras anteriores, a compra desses livros não implica somente o gosto pela leitura. Antes disso, o leitor está procurando uma forma de se profissionalizar.

O sexto tipo de obra de literatura de massa é o "romance paraliterário". Esse gênero poderia muito bem ser incluído na categoria de "romances de entretenimento". No entanto, pelas peculiaridades que apresenta e a popularidade que sempre teve, convém estudá-lo à parte. Aqui, o gosto popular se manifesta de forma bem clara no sucesso de vendas. A sexualidade, e o que poderíamos chamar de "pornografia", são os temas mais importantes. Esse último, porém, transcende a produção literária.

Além da publicação de livros e revistas, há toda uma indústria do entretenimento "pornô" à disposição do consumidor. Objetos considerados eróticos, fotografias, cinemas especializados, espetáculos públicos diurnos e noturnos de *strip-tease* masculino e feminino, e assim por diante.

Em São Paulo, por exemplo, há dois teatros localizados no centro da cidade, nas avenidas São

João e Ipiranga, muito conhecidos pelo público que costuma circular e procurar entretenimento nessa região da cidade. Homens, mulheres, jovens, pessoas de meia-idade e idosas, indistintamente, frequentam essas casas de *strip-tease* a qualquer hora do dia ou da noite. Convém acrescentar que essa não é uma prática apenas da cidade de São Paulo, e muito menos do Brasil. Nova York, Buenos Aires, México, entre outras cidades, apresentam também espetáculos semelhantes, tendo como tema a sexualidade.

As discussões e análises sobre a sociedade de massa e em especial a sexualidade têm ocupado muito espaço dos estudiosos. Trabalhos como *Neurose e classes sociais*, de Michael Schneider, *Erotismo: um mito moderno*, de Violette Morin e Joseph Majault, *Sobre o caráter afirmativo da cultura*, de Herbert Marcuse, investigam em profundidade o binômio cultura de massa/sexualidade. Resumindo as respectivas opiniões pode-se dizer o seguinte: os autores citados (mas não só eles) acreditam que a sociedade capitalista remete a sexualidade a um plano mercantil, tornando o corpo um produto a mais a ser oferecido no mercado.

A sensualidade sexual converte-se num valor de troca, a medida que passa a ter função de venda pelo capital. Nesse caso, seu valor de uso reduz-se à aquisição de objetos sexuais e do imaginário de cada consumidor. O psicanalista alemão Michael

Schneider faz uma observação muito precisa sobre a mercantilização da sexualidade. Diz ele que, "a 'grande venda sexual' na forma de 'pornô *pop* e sexo grupal', celebrada pela máquina de vendas como uma 'revolução sexual', não prova a libertinagem sexual de uma cultura progressiva, prova somente que o capital das lojas de departamentos consegue maior lucro com a nudez, hoje, do que com a discrição burguesa". O pensador francês Jean Baudrillard também reage de forma enfática a essa mercantilização do corpo. No livro *A sociedade de consumo*, ele analisa longamente a questão da moda, da magreza por meio de regimes e da concepção moderna do "belo". Num certo momento, ele acrescenta que "a sexualidade é que orienta hoje por toda parte a redescoberta e o consumo do corpo. A sexualidade vem a par com a sociedade de consumo, sobredeterminando espetacularmente todo o domínio significante das comunicações de massa". Poderíamos ainda apresentar outros autores que têm posições semelhantes às de Schneider e Baudrillard. E esse tema é provavelmente um dos poucos que conseguem unanimidade de opiniões entre os estudiosos.

    Mas, teoria à parte, vamos ver agora como se relacionam escritor e público da nossa paraliteratura. O mercado editorial brasileiro já trabalha com essa modalidade literária desde o início dos anos 1950, quando chegaram aqui os primeiros livros estrangeiros que seriam traduzidos. Essa primeira década, no entanto, quase não teve expressividade. O gosto popular pela paraliteratura só iria se tornar mais evidente a partir da obra de alguns escritores brasileiros que surgiram no final dos anos 1950 e início dos anos 1960. De lá para cá, vale a pena destacar os nomes de Adelaide Carraro e de Cassandra Rios. Elas não são apenas as duas escritoras mais lidas da paraliteratura brasileira. São também as que mais publicaram.

A primeira e mais conhecida obra de Adelaide Carraro é *Eu e o governador*. Publicado em 1963, de lá para cá esse livro já atingiu a 29ª edição. Durante os dez primeiros anos de sua publicação, ele foi líder de vendagem, tornando-se um verdadeiro *best-seller*. Baseado em fatos reais, como me disse durante entrevista, a autora cria em cima do trinômio sexo-política-dinheiro toda uma história que envolve a maledicência, corrupção, desonestidade de uns, honestidade de outros, sacrifício popular, mordomias de políticos, enfim, uma sequência de fatos que além de agradar ao gosto popular, têm objetivos bem claros; sua relação amorosa com o governador de São Paulo naquela ocasião.

Ao ser entrevistada em 1977, pela revista *Escrita* (nº 18) sobre a publicação e o sucesso de público do seu primeiro livro, Adelaide Carraro fala do que pretendia alcançar com a obra: "Eu era funcionária da Secretaria da Saúde. Foi em 1963. Eu resolvi escrever *Eu e o governador*, para mostrar o problema do ex- tuberculoso pobre e das pessoas inocentes, das mocinhas que chegavam, assim, dentro da cidade grande, e então eram espezinhadas, maltratadas e iludidas por certas pessoas. E para mostrar também um problema, que era o sexo dentro do Palácio, como existe sexo dentro da Casa Branca. Naquele tempo, diziam que os deputados também tinham força e se consideravam reis, né? Agora os coitados estão todos na pior".

Qualquer que tivesse sido a intenção da autora, com um fato, pelo menos, ela não contava: que seu livro acertasse em cheio o gosto popular e se tornasse o maior sucesso da paraliteratura no Brasil. Até hoje, passados 46 anos, a obra continua em catálogo e a Editora L. Oren publica pelo menos uma edição por ano. No primeiro ano, quando ainda as principais personagens do livro estavam politicamente ativas, as vendas superaram todas as expectativas. Nada menos do que quatro edições foram publicadas naquele ano. Hoje, no entanto, apesar de essa personagem ter voltado ao cenário político com um cargo de grande destaque na cidade de São Paulo, o livro, é claro, já não tem o mesmo impacto. O momento histórico é outro, e a personagem tem outros compromissos e obrigações. Mas o fundamental nisso tudo é que a sociedade brasileira mudou. Como

Eu e o governador trabalha um tema, com narrativa de época, já não tem a mesma importância nem causa o mesmo impacto. Nem por isso Adelaide Carraro foi esquecida. Sua morte em 1998 não significou o desaparecimento dos seus livros. Tanto é assim que sua obra continua sendo publicada. Pela importância que tem na paraliteratura brasileira, vale a pena analisar um pouco *Eu e o governador*.

Já de início, quando a autora se propõe a denunciar as mazelas dos políticos, usando para isso o trinômio sexo-política-dinheiro, percebe-se um grave equívoco. Acreditando usar a sexualidade apenas como pretexto para tornar público o comportamento vil e desonesto dos políticos, a autora termina invertendo seus objetivos. A corrupção, o abuso do poder, as safadezas e os desmandos do Estado passam a um segundo plano.

A sexualidade, inicialmente usada apenas como álibi, passa a ser o centro das atenções em toda a narrativa. Esse, por si só, já é um problema a ser pensado. No entanto, o mais grave em tudo isso, a meu ver, é a forma como a autora trata a sexualidade. Quero reproduzir e analisar um trecho do livro, onde, ao mesmo tempo em que a narrativa se perde em amenidades, reflete muito bem a visão de Adelaide sobre a sexualidade. Vejamos esse diálogo: "– Diva... ele sabe... sabe de tudo? – Nunca, Adelaide! Nunca! Escondi-lhe! É lógico que se souber o meu passado acaba tudo em um segundo.

Estou ainda pensando como vou explicar-lhe que não sou moça...– Seja como Deus quiser, Diva! De qualquer forma, estou feliz por ver que você acabou com sua vida desregrada!".

Nota-se aqui uma concepção profundamente moralista. Aliás, mais do que isso, um falso moralismo. Por intermédio de Diva, a autora induz o leitor a supervalorizar a virgindade. O corpo transforma-se em instrumento de negócio cujo objetivo é a relação de troca com o casamento. Assim, Diva precisa passar a ideia de que está intacta, perfeita e imaculada. O fetiche da virgindade sobrepõe-se à libertação do corpo enquanto instrumento de prazer. No mundo adelaideano *Thanatos* vence *Eros*. Em outros termos, a morte vence a vida. O prazer do corpo, a sexualidade nele existente só podem ser desfrutados com a formalização do casamento. É como se a integridade moral de Diva estivesse no hímen e não no seu caráter. O que Adelaide faz é exatamente reproduzir uma das formas mais antigas e primárias de controle social existentes no capitalismo: a repressão sexual.

O filósofo Herbert Marcuse, em *Eros e civilização*, analisa profundamente a forma como a sociedade capitalista se apropria do corpo para transformá-lo não em instrumento de prazer, mas em mero instrumento de reprodução do capital. Sublima-se o prazer em detrimento da libertação e das potencialidades humanas e estimula-se a produção em prejuízo da liberdade e do prazer. Se não houvesse o controle social por meio do corpo, haveria o aumento do prazer. E isso, certamente, abalaria a expectativa e a própria forma de comportamento estabelecida pela sociedade, condição necessária ao funcionamento do Estado capitalista. Assim, estaríamos sempre sublimando a liberdade e a própria libertação do prazer por meio do aumento da produção. É como se prazer sexual e produção fossem duas categorias incompatíveis. Não se trata disso, evidentemente. Para Marcuse, "a libertação não sublimada e não racionalizada das relações sexuais significaria uma libertação vigorosa do prazer como tal e a desvalorização total do trabalho pelo trabalho. A tensão entre o valor inato do trabalho e a liberdade do prazer não poderia ser tolerada pelo indivíduo: o desespero e a injustiça das condições de trabalho penetrariam contundentemente na consciência dos indivíduos e impossibilitaria a sua tranquila adaptação (*Einordnung*) ao sistema social do mundo burguês".

É justamente em face da força revolucionária existente na sexualidade humana que no Estado capitalista criam-se normas para uma ética do comportamento sexual. Burocratizam-se a sexualidade e a liberdade sexual. Noutras palavras, é isso o que propõe Adelaide Carraro, ao justificar a importância da virgindade para o casamento. Ao Estado, é claro, cabe sancionar a defesa da virgindade. Até porque foi ele quem a instituiu, dando-lhe personalidade jurídica. Ao homem é facultado o direito de anular o casamento sem nenhum ônus de sua parte, se constatar, por exemplo, que foi enganado por sua esposa. Isso pode ocorrer se, por ocasião da união matrimonial, ela declarar-se virgem sem o ser efetivamente. E mais do que isso, ele pode, por intermédio da Justiça, processá-la e até exigir indenização por perdas e danos morais.

Os elementos aqui citados já seriam suficientes para termos noção dos valores morais que norteiam *Eu e o governador*. Mas, apenas para finalizar a discussão, vale a pena mencionar a epígrafe do capítulo intitulado "Reflexão", de autoria de Mantegazza: "Nunca se faz uma segunda edição da virgindade, do pudor e da honestidade". Pois bem, da mesma forma que na famosa passeata das forças conservadoras no Brasil em 1964, aparecia a faixa "A marcha da família com Deus pela liberdade", explorando inteligentemente, a meu ver, a fé popular com palavras básicas como, família, Deus e liberdade, agora ocorre com Mantegazza, via Adelaide Carraro.

Não é mera coincidência, por exemplo, aparecerem os substantivos virgindade, pudor e honestidade na frase nessa ordem. Não deliberadamente intencional também, é claro. É o resultado, na verdade, da força dos valores morais de uma sociedade conservadora. Quando o leitor se depara com essa epígrafe pode inferir que a perda da virgindade significa também o despudor, a desonestidade, entre outras coisas. Cria-se, portanto, a partir de um estigma, de um valor moral, a imagem estereotipada de uma pessoa. É como se o rompimento de uma membrana (o hímen) significasse automaticamente o abandono de certos valores éticos e morais. *Eu e o governador* apresenta, ao longo de toda a narrativa, uma concepção semelhante a essa. De resto, toda a obra de Adelaide Carraro, bem como a paraliteratura brasileira que se ocupa da sexualidade e do erotismo, apresentam essa visão do prazer sexual.

No entanto, obras como *Falência das elites*, *Submundo da sociedade*, *Eu mataria o presidente*, de Adelaide Carraro, e *A piranha sagrada*, *Ariela, a paranóica*, *Tessa, a gata*, de Cassandra Rios, entre outras, continuam sendo muito procuradas. Conservadora ou não, reacionária, pornográfica, ingênua, ruim, perniciosa, enfim, qualquer adjetivo que quisermos usar para classificar a paraliteratura brasileira poderá até ser verdadeiro. Ao mesmo tempo é bastante discutível, como já vimos anteriormente.

Seja como for, uma coisa é certa. Nem todos os adjetivos citados, e mais outros que quisermos empregar, seriam suficientes para demover o gosto popular pela paraliteratura. Seria uma ingenuidade acreditar que a linguagem adjetivosa dos intelectuais interceptaria o sucesso da paraliteratura. O seu fracasso de crítica encontra forte oposição no sucesso de público e de vendas. O gosto popular, como bem me disse aquela professora que entrevistei, não está interessado nas análises ideológicas da obra paraliterária. Isto é uma sofisticação intelectual que transcende em muito o seu interesse. Seu objetivo, quando compra o livro, é se deleitar com a história, é transformá-la em momentos lúdicos. A narrativa sofisticada, cheia de metáforas e de outros recursos linguísticos, certamente não faria o mesmo sucesso.

O público consumidor da paraliteratura não está preocupado se o autor é politicamente de direita ou de esquerda. Essa é uma questão que nem de longe interfere na escolha do livro. A ideologia, nesse caso, não é um critério de influência positiva ou negativa. Alienação política, por comprar um livro de paraliteratura, é coisa que não existe no vocabulário do leitor. Certamente, alguém poderia pensar o seguinte: é, mas ler um livro que de certo modo defenda o controle social por meio da repressão sexual é uma forma criminosa de manipulação política e social. Eu, pessoalmente, aceito em parte essa afirmação. Ao mesmo tempo, há um impasse: até onde, realmente, a leitura de romances paraliterários interfere na formação do universo do seu leitor? Essa é a primeira pergunta, que necessita de um complemento. Até onde, por exemplo, o leitor, mesmo tendo consciência dessa manipulação, estaria disposto a abrir mão do prazer de ler esses romances? Ele poderia perfeitamente ler, sem que com isso se sentisse manipulado, alienado, reacionário, e assim por diante.

Esses conceitos, a meu ver, precisam ser repensados antes de serem empregados. Os vinte e um anos de autoritarismo no Brasil nos deixaram um vício de interpretação que, com algumas exceções, quase sempre nos levam a análises maniqueístas. Na época em que a ditadura militar reinava soberana e matava impunemente é que surgiria esse maniqueísmo. Todo pronunciamento, toda mensagem, enfim, todo produto cultural que não trouxesse um discurso de esquerda, engajado, era considerado de mau gosto e reacionário.

No teatro dos anos 1970, por exemplo, as peças que não fossem de esquerda (redescobre-se Bertolt Brecht), dificilmente conseguiriam sucesso. Até porque os atores mais famosos (e os menos famosos também) não arriscariam seu prestígio encenando um trabalho que não tivesse em seu conteúdo uma mensagem política de esquerda. Nessa época, a qualidade do trabalho estava diretamente ligada à mensagem ideológica que ele veiculava. Se fosse de esquerda, era bom, se não fosse, era de qualidade duvidosa. Ao mesmo tempo, foi nessa época que nosso país mergulhou numa crise profunda de criatividade, mas apenas na aparência, uma vez que a produção cultural ficava escondida nas gavetas de seus criadores.

Havia uma explicação para isso: a censura proibia e destruía tudo que fosse contra a ditadura militar.

Muita coisa se produzia, mas pouca que tivesse o respaldo da crítica especializada. De lá para cá, tudo indica que ficaram alguns resquícios. Parece que ainda paira no ar uma espécie de síndrome da ditadura, certo vício maniqueísta de interpretação. A questão ideológica ainda pesa na hora de se fazer a avaliação estética de uma obra. O gosto passa a ser discutido na sua forma de estatuto político. Isso dificulta ainda mais a discussão sobre o gosto, uma vez que envolve fundamentalmente ideologia. De qualquer forma, envolvendo questões políticas ou não, o fato é que gosto se discute. Aliás, o suficiente para gerar polêmicas, como as que têm ocorrido até hoje.

8. O gosto estético e o corpo

A rejeição radical à velhice não passa apenas pelo natural medo de morrer que normalmente todo ser humano tem. Sabemos que, quanto mais senis vamos ficando, mais nos avizinhamos do momento da morte. Há também uma questão estética de apreciação do corpo, em todo esse processo. Não se trata, evidentemente, de gostar ou não da flacidez e da depauperação que o tempo estabelece sobre nós. Trata-se, isto sim, de um fato irreversível. Ou vivemos muito e teremos a experiência prática do que seja a velhice, da sabedoria que ela nos traz, ou morremos cedo, mas com a energia vital ainda muito forte. Não por acaso, o filósofo Jean-Paul Sartre dizia: "A velhice é uma realidade incômoda". Aliás, ela é duplamente incômoda. Primeiramente, porque nos dirigimos naturalmente para a morte, mas também por que vamos enfeando a passos mais rápidos, a despeito de, ironicamente, a velhice nos tornar mais lentos.

Claro, à medida que passam os anos, nossa pele e todo o corpo vão acusando essa trajetória temporal. Nossa tez, nossa epiderme vai, aos poucos, perdendo a consistência e o vigor que tão bem caracterizam a juventude. A camada externa de células da parede do corpo entra em processo irreversível de decrepitude, indicando que nosso organismo cede à passagem do tempo. A flacidez, as rugas, a calvície masculina ou os cabelos brancos e mais tarde a arqueadura do corpo diminuindo nossa altura são elementos incompatíveis com o conceito estético de beleza. Pelo menos para os padrões ocidentais. Consequentemente, não é algo aceitável e muito menos de bom gosto.

Historicamente, no entanto, a velhice sempre foi vista pelo homem como algo aterrorizante, justamente por ser uma espécie de antessala da morte. Tanto é assim que, pelo menos no mundo ocidental (no oriente é um pouco diferente), morrer ainda se constitui em algo muito trágico embora, ironicamente, seja uma coisa, um acontecimento corriqueiro. Isto, evidentemente, desde que não se trate de um ente querido. Se o for, aí então a morte ganha contornos de extrema dramaticidade emocional, angústia e tristeza. A saudade, como nos mostra Chico Buarque em sua canção *Pedaço de mim*, assume dimensões dilacerantes em um dos versos mais belos e tristes da música popular brasileira. Em certo momento do texto poético ele diz: "... a saudade é arrumar o quarto do filho que já morreu". Nada mais lancinante e doloroso que isso. O fato concreto mesmo é que ainda não nos acostumamos e não estamos preparados para este ato inexorável.

    Mas não é por acaso também que a representação visual da morte é justamente o esqueleto humano, ou parte dele espalhada pelas caixas, fios e transformadores de alta tensão de eletricidade. Ou, ainda, nos lugares de alta periculosidade, como laboratórios químicos que produzem venenos, fábrica de explosivos, praias perigosas etc. Em outros termos, para melhor sintetizar, o esqueleto da cabeça humana cruzada por dois ossos tornou-se o símbolo universal de advertência contra o perigo de morte.

    Assim, esteticamente, no decorrer do tempo, o esqueleto humano ganharia conotações assombrosas. Aliás, horripilantes mesmo. O cineasta Ingmar Bergman, bem que tentou suavizar o pavor que temos da representação visual da morte, introduzindo um novo conceito imagético. No filme *O sétimo selo* (1957), em uma das cenas mais famosas da história do cinema, a morte joga uma partida de xadrez com um adversário especial. Com o corpo inteiramente coberto por sua roupa preta medieval e um capuz, ela não tem um visual assustador nem sinistro. Mas, mesmo assim, se torna ainda muito mais enigmática e misteriosa do que a imagem convencional da morte, isto é, o esqueleto humano.

Pois bem, diante desse quadro, é possível se pensar em uma estética da juventude, algo considerado de bom gosto, cuja antítese é justamente o binômio velhice/morte. A beleza vivaz, a gestualidade bem coordenada pelos reflexos precisos, a plenitude da energia vital, a virilidade, a tez aveludada e consistente, entre outras coisas, são alguns elementos que, seguramente, grande parte das pessoas em todo o mundo não gostaria de perder no decorrer do tempo. Mas não há como mantê-los. São atributos da natureza humana na fase da juventude, que se esvairão na medida em que o tempo avança.

Essa vontade, com efeito, transforma-se em utopia. Em alguns casos, ela é exacerbada e o que se vê é uma supervalorização da juventude perdida e o desejo mórbido, quase patológico de reconquistá-la. Mas como isso não é possível, resta apenas o falso consolo de sublimar esse desejo, mesmo que temporariamente. Por meio de recursos ainda limitados que a medicina pode dispor nessa especialidade, a cirurgia plástica estética oferece a satisfação efêmera e enganosa do retorno à juventude. Doce ilusão. É uma forma de engodar a si mesmo, porque o tempo é implacável. E nesse caso, mais do que isso. É corrosivo também. Afinal, ele nos depaupera.

No final desse processo, o que se percebe é um resultado tão frustrante, tão fugaz, quanto desolador.

O curto tempo de aparência jovial, ainda que artificial dado pela cirurgia plástica estética, não recupera nada, nem rejuvenesce verdadeiramente o corpo. Apenas desaparecem, temporariamente, as rugas e a flacidez da pele, no local onde foi realizada a cirurgia. O corpo, mesmo em sua essência, já não é o mesmo e caminha em direção oposta àquela aparência jovial artificial. Ou seja, continua envelhecendo.

Assim, instala-se em alguns casos, o conflito interno natural entre a aparência e a essência. A consequência disso é quase sempre a destruição da autolatria, a presença da depressão, justamente em face de não se poder mais manter a utopia da juventude permanente. Tudo isso, é claro, objetiva atender às exigências estéticas da sociedade do capital, cuja grande referência passa exatamente pelo *jeito jovial de ser*.

De fato, a velhice é uma realidade incômoda como dizia o filósofo Jean-Paul Sartre, que morreu em 1980 e viveu 75 anos. Mas ele disse apenas isso e conviveu com ela amistosamente, sem alimentar qualquer tipo de aversão. Hoje, porém, a versão prevalente caminha em outra direção. Para a sociedade, a velhice é uma realidade abominável, lúgubre e detestável. Deve ser repelida e reprimida. Ainda que, para isso, a pessoa tenha de submeter-se a cirurgias estéticas, deixando cortar seu corpo à procura de uma juventude artificial e efêmera, em nome do bom gosto e da beleza.

Nesse caso, certamente a pessoa não concorda que este ato é a negação do seu próprio corpo, a negação da sua verdadeira condição humana. Para amenizar ou simplesmente mascarar essa rejeição, se criou um tipo de *slogan* que, a meu ver, reforça ainda mais o preconceito à velhice. A expressão *terceira idade*, que era referência de identidade à velhice recebeu nova versão. Os idosos passaram a ser chamados de grupos da *melhor idade*. A expressão tem requintes de hipocrisia. Se as pessoas realmente considerassem mesmo a velhice a *melhor idade*, não a negariam com tanta veemência. Mostrando rara sabedoria e em um momento bem descontraído, uma consagrada personagem do humor brasileiro usou de todo seu carisma e irreverência para responder ao seu entrevistador na televisão sobre as cirurgias plásticas estéticas que fez. Com a objetividade que sempre caracterizou seu verbo, ela disse: "... olha rapaz, já fiz tanta plástica que, quando dou risada, minha perna direita levanta sozinha".

Nas relações sociais cotidianas, as pessoas recatadas, educadas, não perguntam a idade do seu interlocutor. A indagação é duplamente constrangedora. A resposta quase sempre não fala da idade, mas faz uma reprimenda a quem perguntou. O ato de reprovação é instantâneo e cria, subitamente, uma atmosfera incômoda ao diálogo. Tudo isso, no entanto, para não revelar a idade que, afinal, funciona como indicador de juventude, maturidade (meia-idade) ou senilidade. Esta última, como vimos até aqui, interpretada como uma pecha, quase uma espécie de defeito moral.

    Certamente, uma das atitudes mais deselegantes que se pode ter com uma mulher é perguntar a sua idade. Ela provavelmente não responderia, justamente para evitar associações e identidades com a velhice que, afinal, torna as pessoas feias. Com os homens a situação não é muito diferente. Eles também não gostam, mas têm a seu favor a falsa atenuante do mito de que os cabelos grisalhos são charmosos. Ora, nenhum homem quer envelhecer, ter cabelos brancos, para ser chamado de charmoso. Aprendemos socialmente a não gostar da pele flácida, das rugas, de quando surgem os cabelos brancos e outros atributos que prenunciam a velhice. Em outros termos, aprendemos também, pela força do hábito, que a velhice é definitivamente feia. Ninguém, ou quase ninguém, gosta dela. A sabedoria que ela encerra não é suficiente para que a vida em sociedade recicle seus conceitos ou, quando menos, não a rejeite.

9. Conclusões

Quando me propus a escrever sobre "uma utopia do gosto", já imaginava de antemão os obstáculos que iria enfrentar. O primeiro e o maior deles, sem dúvida, parte justamente da proposta do trabalho: discutir o estatuto social do gosto.

Entendo que as discussões estéticas sobre a obra de arte literária, pictórica, musical etc. não exigem do espectador um saber científico propriamente. Antes disso, é bom lembrar que o gosto obedece a uma lógica implícita na sociedade de classes: a lógica da estratificação social. Cada classe social possui seu universo próprio de valores. E o gosto estético é um deles. Assim, como já vimos, o que é consagradamente bonito, de boa qualidade musical ou literária para a burguesia, ou alguns de seus segmentos, apresenta-se inexpressivo e dispensável às chamadas classes subalternas. Da mesma forma, a burguesia que hoje dita a estética "oficial" não quer identidade com a estética proletária. E por mais que o esteta, o crítico, o estudioso tentem justificar a qualidade universal da obra, é provável que esbarrem numa questão muito séria: a cultura de classe. Mas aí aparece um problema ainda maior para resolver, que é o seguinte: que critérios ele deveria usar para avaliar a qualidade da obra? Como ele iria justificar que gostou ou não de tal livro, senão subjetivamente? Bem, para isso ele teria algumas saídas. A primeira é usar como base a densidade da obra, a narrativa bem construída, a universalidade do tema, enfim, toda a erudição que ela apresenta. Aí sim, talvez chegássemos a uma conclusão. Mesmo assim, a uma conclusão bastante questionável. Agradaria apenas aos acadêmicos.

Densidade da obra, narrativa bem construída e universalidade do tema são alguns conceitos muito fluidos e imprecisos. Ao mesmo tempo, pessoais e subjetivos. E ao usarmos esse critério de avaliação estaríamos partindo de um pressuposto tão perigoso quanto elitista, ou seja: os produtos culturais eruditos têm grande chance de ser de boa qualidade, de ser de bom gosto. Bach, Liszt, Beethoven, Mozart, Brahms e Schumann fizeram músicas eruditas que se eternizarão pela qualidade. Kafka, Baudelaire, Shakespeare e Dostoiévski escreveram obras inquestionavelmente belas.

Em contrapartida, os produtos não eruditos têm grande chance de ser de qualidade duvidosa, de ser de mau gosto. Em síntese, é o que tem ocorrido.

O privilégio da obra erudita sobre a não erudita. A glorificação de uma e o ostracismo da outra. Esse critério de avaliação do gosto pode até ser o melhor e o mais próximo da realidade, mas nos remete a uma constatação difícil de contestar: a burguesia, monopolizadora da cultura e do saber científico, determina as regras da qualidade estética e do gosto. Por outro lado, se aceitarmos essa explicação como verdadeira, teremos um motivo a mais para justificar e acreditar na subjetividade do gosto.

Nesse caso, prefiro outras opções, como, por exemplo, a do professor Antonio Candido, quando diz que "o gosto é indefinível por excelência, é uma questão de fruição e não de crítica. É a injunção do meio e da tradição". Essa frase é de uma conferência feita sobre a obra de Roger Bastide. Prefiro ainda pensar em algumas contradições dos críticos que discutem a estética do gosto.

Vou citar um exemplo sobre a música popular brasileira, a meu ver, muito elucidativo. A obra do cantor e compositor Luiz Gonzaga foi durante muito tempo considerada de qualidade inferior. Só as pessoas de mau gosto ouviam "Asa branca", "Assum preto", "Chofer de praça" etc. No final da década de 1960, no entanto, esse conceito mudaria repentinamente.

O Tropicalismo revolucionaria a estética musical brasileira com Torquato Neto, Caetano Veloso,

Tom Zé, Gilberto Gil, entre outros. Respeitados e elogiados pelos críticos mais lúcidos, Caetano e Gil se destacavam como grandes compositores e intérpretes. Passaram a ter grande prestígio. Resolveram gravar músicas de Luiz Gonzaga. Foi uma forma de redescobri--lo. Portanto, foi o suficiente para a crítica iniciar os maiores elogios à obra do cantor pernambucano. Foi o suficiente também para que a juventude da classe média intelectualizada o consagrasse e o ouvisse até hoje, sem as restrições de tempos atrás. Da condição de "cafona", a obra de Luiz Gonzaga passava a ser respeitada por todos os segmentos da sociedade. Agora ela seria ouvida pelo homem culto também, uma vez que havia adquirido *status* de boa qualidade.

Quero citar outro exemplo rapidamente, ainda com Caetano Veloso. Peninha era considerado um obscuro cantor e compositor de música popular. Seu público sempre foi a população pobre e inculta das grandes cidades. Até que Caetano gravou sua música "Sonhos", e incluiu no *long-play* "Cores, nomes", gravado em 1982. Pronto, Peninha fez sucesso e hoje é considerado e respeitado pelo público que se considera de gosto mais refinado. Alguns dirão: bem, foi a sensibilidade de Caetano para perceber a qualidade da música de Peninha. Foram também seu carisma e sua interpretação que projetaram o compositor. Pode até ser, mas sensibilidade, carisma e interpretação são conceitos subjetivos para classificar uma obra como "boa" ou "ruim". É provável que muitas pessoas considerem Sidney Magal um cantor sensível, carismático e bom intérprete. No entanto, a crítica musical que se considera refinada o execra.

Enfim, são essas as considerações que eu desejava fazer. Já faz muito tempo que me interesso pela produção cultural chamada de "brega", por considerá-la importante e muito pouco estudada. Só para finalizar, quero fazer das palavras de Michel Foucault, em *Microfísica do poder*, as minhas palavras. Entrevistado pela revista *Magazine Littéraire* sobre suas preocupações em estudar os chamados temas "menores", o autor responde o seguinte: "Os historiadores, como os filósofos e os historiadores da literatura, estavam habituados a uma história das sumidades. Mas hoje, diferentemente dos outros, aceitam mais facilmente trabalhar sobre um material 'não nobre'. A emergência desse material plebeu na história já data bem de uns cinquenta anos. Temos assim menos dificuldades em lidar com os historiadores. Você não ouvirá jamais um historiador dizer o que disse em uma revista incrível, *Raison Présente*, alguém, cujo nome não importa, a propósito de Buffon e de Ricardo: 'Foucault se ocupa apenas de medíocres'." Caro leitor, isto é puro preconceito.

Mais uma vez, após ler Foucault, estou convencido de que até o gosto pelo objeto de pesquisa científica se discute. Nem só de temas "nobres" deve viver a ciência. Foucault tem razão, e isso eu também aprendi com ele. Não devemos abrir mão do nosso direito, posto que ele é sempre soberano.

Quero encerrar este trabalho dizendo o seguinte: a sensualidade no fim do século XIX era associada à gordura. As mulheres rosadas, de pele muito clara, coxas roliças e grossas representavam a beleza e o imaginário da classe dominante. É só lembrarmos, por exemplo, de um quadro de Renoir. As mulheres magras e morenas eram as camponesas. Além de trabalharem expostas ao sol durante algumas horas, elas queimavam calorias no trabalho braçal e se alimentavam muito mal. Pois bem, hoje, em pleno século XXI, o imaginário da burguesia está baseado na estética da mulher camponesa do século XIX. Por essas e outras coisas é que gosto se discute.

Não desejo com este trabalho outra coisa senão contribuir para que se pense em novas discussões sobre o gosto. A escolha pelo bar, o "natural" e a literatura foi feita em função da importância desses produtos culturais em nosso cotidiano. Quanto ao gosto e à cultura de classe, não há o que escolher. Estudá-los e discuti-los é uma questão obrigatória em qualquer estudo que se faça sobre o gosto, especialmente mas não só, quando tratamos do consumo estratificado da produção cultural.

Bibliografia

BASTIDE, Roger. *Arte e sociedade*. São Paulo: Cia. Editora Nacional, 1971.

BAUDRILLARD, Jean. *Para uma economia política dos signos*. São Paulo: Martins Fontes, 1985.

_____. *O sistema dos objetos*. São Paulo: Perspectiva, 1974.

BENJAMIN, Walter. *A obra de arte na época de suas técnicas de reprodução*. Coleção Os Pensadores. vol. XLVIII. São Paulo: Abril Cultural, 1975.

BRANDÃO, Antonio Carlos et al. *Movimentos culturais de juventude*. São Paulo: Moderna, 2001.

BRETON, David Le. *A sociologia do corpo*. Rio de Janeiro: Vozes, 2006.

CALDAS, Waldenyr. *A literatura da cultura de massa*. São Paulo: Editora Lua Nova, 1987.

COHN, Gabriel (org.). *Theodor W. Adorno*. São Paulo: Ática, 1986.

COLI, Jorge. *O que é arte*. São Paulo: Brasiliense, 1981.

Darnton, Robert. *Boemia literária e revolução*. São Paulo: Cia. das Letras, 1987.

Ferry, Luc. *Homo aestheticus – a invenção do gosto na era democrática*. São Paulo: Ensaio, 1994.

Foucault, Michel. *Microfísica do poder*. Rio de Janeiro: Graal, 1986.

Fromm, Erich. *A arte de amar*. Belo Horizonte: Itatiaia, 1986.

Hobsbawm, Eric J. "*As classes operárias inglesas e a cultura desde os princípios da Revolução Industrial*". In: *Níveis de cultura e grupos sociais*. Lisboa: Cosmos, 1967.

Hoggart, Richard. *As utilizações da cultura*. vols. I e II. Lisboa: Presença, 1973.

Jauss, Hans Robert. *Apologia dell'esperienza estetica*. Turim: Einaudi, 1985.

Lebrun, Gérard. *Kant et la fin de la métaphysique*. Paris: Armand Colin, 1970.

Mannheirn, Karl. *Sociologia da cultura*. São Paulo: Perspectiva, 1974.

Marx, Karl H. & Engels, F. *A sagrada família*. Lisboa: Presença, 1979.

Mayer, Arno. *A força da tradição*. São Paulo: Cia. das Letras, 1987.

Nietzsche, Friedrich. *A visão dionisíaca do mundo*. São Paulo: Martins Fontes, 2005.

Robinson, Paul A. *A esquerda freudiana*. Rio de Janeiro: Civilização Brasileira, 1971.

SCHNEIDER, Michael. *Neurose e classes sociais.* Rio de Janeiro: Zahar, 1977.

SODRÉ, Muniz. *Samba – o dono do corpo.* Rio de Janeiro: Codecri, 1979.

_____. *Teoria da literatura de massa.* Rio de Janeiro: Tempo Brasileiro, 1978.

SOUZA, Gilda de Mello e. *O espírito das roupas.* São Paulo: Cia. das Letras, 1987.

SWINGEWOOD, Alan. *O mito da cultura de massa.* Rio de Janeiro: Interciência, 1978.

Waldenyr Caldas é professor titular da ECA - Escola de Comunicações e Artes da USP - Universidade de São Paulo, onde leciona disciplinas em graduação (Teoria da comunicação e Realidade socioeconômica e política brasileira) e pós-graduação (O consumo estratificado da produção cultural). Fez pós-doutorado na Università La Sapienza di Roma e foi professor da Université Joseph Fourier, em Grenoble.

Em suas atividades administrativas foi vice-diretor e posteriormente diretor da ECA - USP, de 1998 a 2005. Foi vice-presidente da Comissão de Orçamento e Patrimônio da Universidade de São Paulo em 2004 e 2005.

De sua autoria estão publicados os livros *Acorde na aurora, Iniciação à música popular brasileira, O que é música sertaneja, Literatura da cultura de massa, Temas da cultura de massa, Cultura de massa e política de comunicação, Luz Neon: canção e cultura na cidade, Cultura, A cultura político-musical brasileira, O pontapé inicial, A cultura da juventude*, entre outros, além de ensaios sociológicos publicados no Brasil e no exterior sobre a cultura brasileira.